广东外语外贸大学学术著作出版基金资助出版

传媒翻译概论

王海　等著

An Introduction to Translation for the Media

暨南大學出版社
JINAN UNIVERSITY PRESS

中国·广州

图书在版编目（CIP）数据

传媒翻译概论/王海等著．—广州：暨南大学出版社，2011.6（2021.1 重印）
ISBN 978－7－81135－773－8

Ⅰ．①传…　Ⅱ．①王…　Ⅲ．①传播媒介—翻译—教材　Ⅳ．①H059

中国版本图书馆 CIP 数据核字（2011）第 039564 号

传媒翻译概论
CHUANMEI FANYI GAILUN
著　者：王　海　等

出 版 人：张晋升
策划编辑：杜小陆
责任编辑：张建秀
责任校对：武艳飞
责任印制：汤慧君　周一丹

出版发行：暨南大学出版社（510630）
电　　话：总编室（8620）85221601
　　　　　营销部（8620）85225284　85228291　85228292　85226712
传　　真：（8620）85221583（办公室）　85223774（营销部）
网　　址：http：//www.jnupress.com
排　　版：广州良弓广告有限公司
印　　刷：佛山市浩文彩色印刷有限公司
开　　本：787mm×960mm　1/16
印　　张：14.25
字　　数：234 千
版　　次：2011 年 6 月第 1 版
印　　次：2021 年 1 月第 2 次
印　　数：3001—3800 册
定　　价：38.00 元

目录

第一章　概　论　/ 1

一、传媒翻译概论　/ 2

二、传媒翻译原则、过程和标准　/ 6

三、英汉传媒文本比较概论　/ 10

【翻译练习】　/ 18

第二章　报纸新闻翻译　/ 21

一、新闻标题翻译　/ 22

二、新闻导语翻译　/ 33

三、新闻正文翻译　/ 39

【翻译练习】　/ 47

【参考答案】　/ 49

第三章　杂志新闻翻译　/ 51

一、杂志文本特点　/ 52

二、特稿翻译　/ 59

三、杂志封面报道的翻译　/ 78

【翻译练习】　/ 79

第四章　电视新闻翻译　/ 93

一、电视文本的特点　/ 94

二、电视文本的结构与规则　/ 99

三、电视文本解读　/ 108

四、电视新闻编译　/ 114
五、电视口译　/ 123
【翻译练习】　/ 125
【参考答案】　/ 126

第五章　电影文本翻译　/ 127
一、电影的语言特征　/ 128
二、电影翻译的理论研究　/ 129
三、电影文本翻译的特点和策略　/ 131
四、配音电影的译制　/ 140
【翻译练习】　/ 143
【参考答案】　/ 144

第六章　网络新闻翻译　/ 147
一、网络新闻的特点　/ 148
二、网络、新闻传播和翻译的关系　/ 150
三、网络新闻翻译实例解读　/ 153

第七章　广告文本翻译　/ 161
一、广告的结构和语言特点　/ 162
二、中英文广告词的语言对比　/ 165
三、广告文本翻译　/ 172
四、广告文本翻译实践　/ 175
【翻译练习】　/ 179
【参考答案】　/ 179

第八章　新闻发布会的翻译　/ 181
一、新闻发布会与对外宣传　/ 182
二、新闻发布会外宣材料的翻译　/ 185

三、新闻发布会发言者的翻译 ／189
【翻译练习】 ／200
【参考答案】 ／200

第九章 传媒文本翻译综述 ／201
一、国际传播视野下传媒翻译的跨文化传播意义 ／202
二、传媒文本翻译透视 ／205
【翻译练习】 ／216
【参考答案】 ／217

参考文献 ／219

后 记 ／222

第一章

概　论

作为本书的第一章，本章首先从微观上交代了传媒翻译的定义，影响传媒翻译的因素，传媒翻译的特点、原则、过程、标准以及对译者的要求七个方面的内容，旨在介绍传媒翻译发展的背景，勾勒出传媒翻译的概貌。继而在宏观上从传媒生态环境、传媒新闻理念、传媒文本主题选择和叙述方式三个角度对中西传媒进行了全面性的比较，梳理出中西传媒的异同。因此本章不仅为以下各章节做好了铺垫，而且让读者对传媒翻译也有了大致的了解。

一、传媒翻译概论

（一）传媒翻译界定

20世纪以来，随着通信技术的飞速发展，传媒对人类和社会的影响愈加明显，无论是传统的书籍、报刊，还是广播、电视，或者网络新媒体都成为人们现实生活的有机组成部分。加拿大传播学学者马歇尔·麦克卢汉（Marshall Mecluhan）所说的“地球村”早已成为现实。毋庸置疑，“地球村”的形成在一定程度上归功于传媒翻译的兴起和发展。那么到底什么是传媒翻译呢？

英国著名的语言学家和翻译理论家卡特福德（J. C. Catford）给翻译下的定义是“翻译是把一种语言的文本材料替换成另一种语言的文本材料”。

美国语言学家、翻译家和翻译理论家尤金·奈达（Eugene A. Nida）认为，翻译是用贴近的自然对等语在接受语言中再现源语信息。

英国翻译学者彼得·纽马克（Peter Newmark）认为，翻译是把一个文本的意义按照源语作者的意图用另外一种语言转换的过程。

德国翻译研究者克里斯蒂安娜·诺德（Christiane Nord）把翻译定义为一种基于源语文本之上的、有意图的、人际间的跨文化互动。

以上所有定义的共同点有“两种语言”和“转换”，第四个定义增加了跨文化的内容。考虑传媒自身的特点——传媒运作其实就是一个信息传播的过程，包括新闻报道在内的信息传播过程涉及传播者或信源（Who）、传播内容（What）、传播渠道（What Channel）、受传者或信宿（To Whom）和传播效果（What Effect）的“5W”要素。在这个过程中，传播效果自然是不容忽视的重要环节。根据以上翻译的定义可知，翻译在传媒中扮演着信源与信宿之间的中介角色，所以，其本身作为一种信息的传播过程（语际转换即一种信息传播过程），自然要符合信息传播规律的要求。传媒翻译深受不同传媒特质与运作模式的影响，其传播效果还要考虑受众的地理属性、人口属性和心理属性等因素。因此，现将传媒翻译定义如下：

传媒翻译（又称为传媒文本翻译，为便于叙述，本书统一采用传媒翻译的说法），实际上是把一种文字写成的传媒文本，有效依循大众传播的模式与不同传媒的运作规律，用另一种语言表达出来，使目的语文本与源语文本达到同样的传播效果，满足译语受众的需求。

（二）影响传媒翻译的因素

传媒（文本）翻译属于翻译中的一个大类别。因此，一般文本翻译的规律和影响因素同样会制约和影响传媒文本翻译。总的来讲，影响和制约传媒文本翻译的因素有下列九个①：

（1）所涉及两种语言所属的语系。

（2）源语和目的语文本特点。

（3）目标读者的语境、意图、目的和要求。

（4）文化、社会和传播层面的差异。

（5）知识结构的文化差异。

（6）共同认知的范畴。

（7）文本读者的预期。

（8）源语文本的信息内容。

（9）目的语文本的接受力制约。

传媒翻译的实质跟一般文本翻译的实质没有多大差别，都是“语际的意义转换”，其中当然包括概念意义、语境意义、形式意义、风格意义、形象意义和文化意义的转换②。然而，基于大众传播的特点和传媒语言的特色，传媒翻译有其自身的特点和规律。

（三）传媒翻译特点

翻译学研究的成果表明，文本翻译既受到文化、语言和文本因素的制约，也受到翻译过程和翻译结果等的影响和制约。③ 因此，传媒翻译作为典型的文本翻译，其过程一定要遵循翻译的模式和规律，并体现出有别于其他文本翻译的特点。

1. 内容广泛

无论是传统的书籍、报刊，还是作为现代电子传媒的广播、电视，甚至网

---

① Neubert，A. & Shreve M. G. *Translation as Text*. Kent：The Kent State University Press，2000. 8

② 郑宝璇. 传媒翻译. 香港：香港城市大学出版社，2004. 40

③ Neubert，A. & Shreve M. G. *Translation as Text*. Kent：The Kent State University Press，2000. 6

络等不同媒体的文本内容和图片都属于传媒翻译的范围。这些文本的内容涉及新闻、文学、历史、哲学、宗教等。由于电子传媒和网络的强势地位，字幕翻译的需求也在迅速扩大。

2. 与文化密切相关

传媒翻译的传播功能和表现方式兼具语言和文化特点，传媒翻译文本属于文化产品。传媒文本一方面融入了特定传媒的表达模式，呈现出文体类型的特殊形式和需要；另一方面，传媒把关人（记者、编辑和译者）要考虑不同文化背景下受众的接受能力。受众是细分化的，他们有选择性地接近不同的媒介及其报道。由于不同族裔的物质文化、规范文化和认知文化各有特色，因此传媒翻译呈现出个别文化及其差异性的特点。

3. 语言形式多样

大众传媒中，印刷传媒的文本与广播、电视、网络的文本在采写和语言上是有差别的。一般来讲，印刷传媒侧重“书面语”，不同报刊由于定位不同，语言风格也有所差别；广播、电视主要以“口头语”为主，由于栏目定位各异，语言也呈现出不同特点，有的庄重严谨，有的轻松活泼；网络则兼具书面语和口头语的表达特点，其语言风格由于不同网页的性质、网页所有者或设计者的语言和文化水平的限制而有所差别。

作为传媒内容的具体表现形式，传媒文本是社会化的语言，往往和读者的政治经济利益交织在一起，“传媒话语反映人的心理、意识和社会倾向，同时也有不同于其他话语形式的个性特点——重复率很高的特定句子和短语表达，充分体现了媒介思想体系价值化和功能化的语言单位”[①]。这些既是传媒话语的特点，也是传媒文本的特点和传媒文本的一贯表现手法。在传媒中多次重复某些内容，或者选择特定的报道语言就能暗示该媒介的立场。

（四）传媒翻译要求

基于传媒翻译的影响因素和传媒翻译的特点，传媒文本翻译对译者有如下的要求：

1. 具有跨学科的知识

媒体承担着传递信息、监督社会、教育和娱乐等多重责任，而且不同媒体

① 刘建明．新闻学前沿．北京：清华大学出版社，2005. 50

的定位细化又不同，所以传媒翻译文本所涵盖的内容是多元化、资讯性、娱乐性和学术性的文本，只要是传媒所报道的内容都属于传媒翻译的范畴。传媒文本的译者像新闻记者和编辑一样都是“把关人”，他们必须是“杂家”，不仅要懂得翻译学理论知识，具有一定的翻译技能，而且要具备丰富而深厚的综合知识和新闻传播学的基础。

2. 熟悉传媒文本的规律

传媒文本写作跟其他文本写作的差别在于体裁和采写手法的多样化，而且传媒文本采写既讲究语言技巧又讲究时效性。译者必须熟悉各类传媒如何准确、客观、简练地把所有的资讯以生动而富有创意的文字，配合不同需要迅速地传递给受众，引起受众的注意又被受众所接受。

3. 关注语言外的力量

翻译学的文本—语言范式认为，原语文本和译语文本之所以存在差别，不仅是因为它们源于两种不同的语系，语言规则不同，导致句型不同，更是由于句子层面之外存在各种不同的强制力。文本翻译不仅仅是原语和语序的双重转换或重构，在文本—语言范式下，文本的含义不仅包含在句子中，还包含在整个文本及其结构中，所以译者在翻译时必须考虑原语的语义和语用的综合价值。[①] 基于此，在传媒翻译中，译者考虑到原语和译语的传媒生态环境、传媒体裁的选择及目标读者的文化认知等因素，传媒翻译可以说是“从头到脚”甚至是“脱胎换骨”的重构，绝不仅仅是两种语言语码的简单转换。所以，在语言层面上，传媒翻译必须克服经常出现的问题：编码的发音、形状和次序不同，词汇量不同，不同文化编码中的词汇文化含义混乱等。

4. 与时代同步

新闻是历史的记录，传媒与社会息息相关，传媒翻译必须与时代脉搏契合，语言的运用和选择自然要富有时代感。在传媒文本翻译中，原语和译语文本的转换其实是两个社区群体之间的语言交流，译者需站在历史和现实的语境中理解和翻译原语，使其翻译文本的语言体现时代特点和传播色彩。

---

① Neubert, A. & Shreve, M`. G. *Translation as Text*. Kent: The Kent State University Press, 2000. 22–25；郑宝璇. 传媒翻译. 香港：香港城市大学出版社，2004. 43

二、传媒翻译原则、过程和标准

（一）传媒翻译原则

原则是指观察问题、处理问题的准则。传媒翻译原则是根据传媒客观规律和翻译客观规律总结出来的行为准则。本书将传媒翻译原则归纳如下：

1. 理解原语文本，适当“粗译”

译者作为传媒翻译这种信息传播的语际转换过程的把关人，在文本的翻译中要灵活对等，通过句法的转换和修辞的变化，把蕴藏在原文中的真义揭示出来。由于传媒翻译涵盖范围广，信息多样化，词语在不同类型的文本中所指意义和内涵会相应地发生变化，所以在进行传媒翻译时，译者必须仔细阅读待翻译的文本，理解其中语义、句法和语用各方面的含义，这是所有文本翻译的第一个环节。阅读理解原语文本旨在了解文本的大语境，先找出句子的主要结构，再找出线索。然后，译者根据词语的语境、参照成分、提示部分、整体理解、关联作用和逻辑联系等进行分析，正确理解词义，找出适当搭配的对等译语。

“粗译”是任何翻译无法逾越的阶段。在这个阶段，译者可以根据个人习惯把所理解和分析后的原语文本或进行笔头的粗译，或在脑海中进行意念组织，旨在把原文的内容作思维上的整合。因为文本的优劣关键在于译者的双语思维是否灵活变通，原文的信息是否得以畅达翻译。在传媒翻译中，翻译文本非常讲究可读性和可接受性。如果原语文本被翻译得晦涩难懂，内容就是再忠实也没有用，文本信息必须在受众没有任何接受障碍的条件下传播出去。因此，在传媒翻译过程中，译者的首要任务就是摆脱原语文本和媒体传播形式的桎梏，以所选择媒体和目标受众的口味和要求把文本翻译出来然后传播出去。事实上，英语传媒写作强调使用明白晓畅的英语，行文风格注重朗朗上口，而且传媒翻译也强调时效性，为此译者可尝试用口头传译的方法来粗译。译者在理解原语文本的基础上适当粗译，对于掌握原文的内容、形式和提高翻译效率都大有裨益。

2. 讲求定位，“对人”讲话

传媒翻译作为一个信息传播过程，译者如何配合译语媒体的风格和定位、受众的接受力和口味作灵活的翻译，增加译文的可读性，对翻译文本的传播来说是非常重要的。

一般而言，当传媒译者遇到一些复杂的词语和句子时，往往会先根据上下文理解词义和语境，然后利用适当的搭配、增补或转换手法，或者用解释性的语言，把某种理念加以说明，或者使用一种浅显易懂的说法加以替代。译语文本在忠于原语文本的基础上，充分考虑到所选择媒体的目标受众、文体特征和市场定位，以便“对人”说话，用语力求通俗，结构务求简明，以增加信源与受众的沟通，并增强译文的可读性，使文本得以有效传播。

传媒常用的一种修辞方法就是利用字根创造新词。面对具体语境下新闻文本中的新词，译者可以采用成分分析法（componential analysis），即把个别成分的语义分解出来，然后利用译语对等的词素，以与原语相同的技法再造新词。

传媒报道涵盖广泛，政治、经济、文化、军事、科技文本尽列其中，涉及的专业用语也很多。一般而言，广大受众有着不同的教育和生活背景，为讲求时效，让受众即时了解资讯的内容，传媒翻译并不像学术刊物那样对深奥或出现的新词汇或理念作注释，而只是通过增补一些背景材料等与内文融为一体，或加括弧补上外文名称，整体上都是简单直接的表达法。有时候，甚至需要沿用新闻报道的惯用做法，将枯燥难懂的专业术语通俗化和形象化。

关于传媒翻译文本中特定范畴的专业词汇和用法，译者必须将其与词语的一般意义和专业意义相区别，注意常用多义词的词义选择，不应照搬英汉词典上现成的释义，而应该基于相关的范畴予以适当的搭配。

3. 了解译语文化，用语生动准确

由于原语和译语之间语言和文化的差异，以及原语和译语在媒体选择和文本上的差异，粗译文本在表达上必然与原语文本有所出入，其中可能有译义不准、语句欧化或译语文本不够精简的地方，也可能不甚符合特定媒体目标受众的可读性标准。因此，译者在翻译完文本之后必须就语义、句法和语用三方面加以修正和整合。译者应该摆脱原语句法的桎梏，顺应译语的词序以避免出现欧化句式，文理不顺或者不合逻辑，甚至出现修辞上的褒贬不一，致使译文令人误解，降低译文的可读性。

在修辞层面上，传媒翻译要顾及受众的文化背景与有关媒体或出版物的风格。在行文上要符合其表达习惯，达到风格上的统一。传媒翻译为了达到特定媒体对文体风格的要求，在忠实表达原文的基础上，可以再润色，从而上升到“雅”的高度，以便增强译文的可读性和可接受性，从而有效地到达目标受众。

（二）传媒翻译过程

维奈（Vinay）和达贝尔奈（Darbelnet）总结了译者将原语文本译为译语文本所要遵循的五个步骤：

（1）确定翻译单位；

（2）细读原语文本，评估各个翻译单位的描述性内容、情感内容和知识内容；

（3）重构该资讯的元语言语境；

（4）评估文体效果；

（5）译出并修改译语文本。①

传媒类文本翻译属文本翻译活动，其过程自然遵循这五个步骤。

（三）传媒翻译标准

很多译者和学者都对翻译标准“信”、“达”、“雅”进行了精辟的阐释和论述，而且其论证都有一定的创造性，可谓见仁见智。但归根结底，众多的翻译标准异曲同工地达成共识：在忠实原文的基础上追求“雅致”。在此，我们提出传媒翻译的宏观标准，并借鉴语言学的翻译标准加以比较。

传媒文本翻译标准：译前的编辑性、主题的明确性、材料的典型性、详略的得体性、结构的调整性、篇幅的合理性。

基于传媒语言的风格与特色，传媒翻译的原则与标准是趋同的：②

（1）由于资讯流通多为单向传播，反馈量小且缓慢，因此译者在表达上更讲求具体与准确，遣词造句切忌模棱两可、语句重复，更应避免搭配不当造成歧义，从而导致资讯被错误理解。

---

① ［英］杰里米·芒迪．翻译学导论．李德凤编译．香港：香港中文大学出版社，2001.73

② 郑宝璇．传媒翻译．香港：香港城市大学出版社，2004.76~78

（2）由于传播速度快、报道讲求时效，因此在表达上也应力求简练，讲究言简意赅。

（3）由于受众水平参差不齐，为了满足大部分受众的需求，所运用的语言力求清晰、通俗、直接，结构简单。

（4）至于个别媒体的表达特色，可根据个别媒体的编辑风格加以翻译。

（5）传媒翻译的最终目的是促成信息的沟通、文化的交流，但并非个人或某个特定机构的宣传工具，因此翻译的时候仍需要考虑受众的利益，并力求客观。

相关的翻译学研究理论对文本翻译都提出了一些标准和方法，这些标准同样适合传媒文本翻译。总结起来，传媒文本的翻译标准如下：[①]

（1）衔接性：各个句子之间如何衔接在一起？

布卢姆—库卡（Shoshana Blum-Kulka）在《翻译之衔接和连贯的转换》（*Shifts of Cohesion and Coherence in Translation*）中指出：在译文读者心目中，译文必须在逻辑上互相连贯，而翻译过程中的衔接变化有时候可以导致篇章功能的转移。[②] 所以，处理好译语文本逻辑上的衔接性和连贯性是至关重要的，这是翻译的一个基本标准。

（2）连贯性：各个主题如何连贯在一起？

莫娜·贝克（Mona Baker）从语用对等的角度提出了连贯性（coherence）、预设（presupposition）和暗示（implication）三个语用概念。

连贯性与衔接性互相关联。由于原语和译语受众不可能一致，译文必须对应译语受众的经验和话语期望、文化背景等。这样一来，译文必须在连贯性上下工夫，以使译语受众接受。

预设即“语用的推断”，与语言及语言外的知识相关，是译者假设受众应该具备的接受译文文本的知识和观点。在以下章节中，我们在分析不同传媒的文本语言特点和翻译策略时，都会提到预设或隐含读者及其观点，与这里的翻

---

① Bell（1991：163－164）的七种文本性包括：cohesion，coherence，intentionality，acceptability，informativity，relevance and intertextuality。

② ［英］杰里米·芒迪．翻译学导论．李德凤编译．香港：香港中文大学出版社，2001．121～122

译标准“预设”，可谓是紧密联系的两个概念。任何传媒文本都渗透着记者和编辑等个人主观的立场和观点，他们在采写和取舍新闻事实的时候，都会预先假设文本的目标读者群用与自己一样的立场或者观点来看待新闻人物或新闻事实，其实这是他们强加在所谓“目标读者群”身上的，或者说这样的目标读者及其立场和观点根本不存在，是记者和编辑自己预设的。那么，译者在翻译传媒文本时，必须像原语作者一样，采用“语用推断”的预设，同时照顾译语受众的文化差异、知识背景和阅读习惯，甚至按照新闻人物和新闻事实的态度等来翻译。否则，由于原语和译语文本受众的预设差异和实际差异，译文可能对译语读者发挥不了什么作用，甚至被曲解或误读。

（3）资讯性：文本告诉我们些什么？

贝克的语用推断暗示（implication）是这个翻译标准的最好诠释。这个概念被解释为“谈话人不是讲话，而是意谓或暗示”（what the speaker means or implies rather than what he/she says）。这个翻译标准用在传媒文本翻译中，作为传媒文本把关人的译者应该有选择地以一定方式呈现给译语文本读者一定量的相关信息，即译语文本的数量（提供适量的信息）、质量（只翻译事实或者预想会被读者认同的事实）、相关性（只翻译相关的内容）和方式（以受众能理解的方式恰当地表达信息）标准。

（4）意图性：读者或者作者的意图是什么？

（5）接受性：读者（或受众）怎么接受？

（6）相关性：该文本的相关性是什么？

（7）互文性：这篇文章仿效哪些同类的文本？

总之，传媒文本翻译要遵循一般文本翻译的标准。但考虑到不同媒体的运作规律和语言特点，传媒文本的翻译标准总体上高于一般文本翻译的标准。

三、英汉传媒文本比较概论

每种文化都有自己的传统，每种语言都有不同的声音。然而，世界上优秀的新闻记者对于好新闻的判断和取舍的标准却有趋同的一面。

传媒文本翻译离不开传媒文本的比较，包括中英文新闻文本的传媒生态环境比较分析、基于传媒新闻理念的文本主题选择和叙述方式比较、新闻文本语言比较分析以及新闻文本结构分析等。大量的翻译学理论和翻译转换模式也正是建立在文本和语言的对比分析基础之上的。

新闻文本是新闻传播主体创造的劳动成果，是新闻接受主体认知评价的对象，是传播者和受众在新闻传播活动中进行交流、沟通和互动的中介。新闻文本既反映了传播主体（即传播者）进行传播的目的和水平，也直接影响着新闻接受主体（即受众）的信息接受行为。新闻文本具有文本结构简单、文本语境低度和文本语言明确等个性特征，其实质在于为接受主体提供明白清晰的事实信息。① 但是，由于中英文传媒的生态环境、所遵循的新闻理念、主题选择、叙事方法、文本语言特征等不同，译者往往会因为文本语言不明确导致读者对译语文本的误解和曲解。因此，在进行中英文编译（鉴于传媒翻译涉及多种语言，本书案例翻译指中英文文本互译，下同）的过程中，译者解读或者编译新闻文本需要关注和理解中英文的以下差异。

（一）传媒生态环境比较

传媒不是孤立存在的，它是社会的一个子系统，是社会的有机组成部分，它的存在和发展与其他系统（如政治、经济、文化等）也存在着密切的关系。② 这种关系的总和即传媒生态环境，它决定了传媒的运作模式和操作方式。一般而言，传媒生态环境取决于一国的社会制度、意识形态和传媒属性。英语国家大多数是发达的资本主义国家，而中国则是发展中的社会主义国家，两种不同的社会意识形态在社会的基本民主制度、政治制度上都存在很大的区别，加上两者媒体历史沿革的不同特点和传媒所有制形式的差别，由此决定了其传媒的基本属性和传媒生态环境的不同。而不同的传媒生态环境和传媒属性必然决定了英汉新闻文本所遵循的新闻理念不同，这个差别进而影响着新闻文本的主题选择以及叙述结构和方法。

总的来说，英语国家的传媒普遍采用私有制，由私人创办和经营管理，遵循一般企业所遵循的市场规律和传媒市场规律，政府不干预传媒的具体经营活动。少数传媒则被政府或政党控制，具有半官方所有制性质，如美国政府控制的对外广播电视机构“美国之音”（VOA）就是采用政府所有制，由美国新闻

① 胡曙中. 英汉传媒话语修辞对比研究. 郑州：郑州大学出版社，2007. 33

② 李良荣. 新闻学概论. 上海：复旦大学出版社，2003. 134

署管理，台长由总统任命，而且美国政府支付其预算开支。英国广播公司（BBC）也属于半官方性质的传媒，它名义上采取合作所有制的公司化运作方式，但由政府推荐并由英国女王任命其董事会董事，而且政府拨款加以资助。①

中国传媒基本上属于国家所有。不过，从19世纪末中国近现代报业诞生到新中国成立，中国传媒既有政府所有的报纸，如各类官报、《中央日报》、《新华日报》、中央通讯社等，也有私人所有的，如《大公报》和《申报》等。新中国成立以后，中国传媒采用国家所有制形式，由党和政府直接监管，国家拨款运营，管理层和工作人员都由国家定岗定编。十一届三中全会以后，政府对传媒实行“事业单位企业化管理”的经营原则。从20世纪90年代中期以来，中国传媒开始“一业为主，多种经营”的所有制改革，报业集团和多元化经营的传媒集团纷纷成立。从此，中国传媒开始向市场化和多种所有制形式并存的发展模式转变。

英美等国家的早期传媒主要是报刊，英语报刊生态环境的形成经历了一个历史沿革期，而不同国家报刊属性和生态环境又表现出各自的特点。18世纪后期到19世纪中期，随着英语国家工业革命的完成，商业化的美国报刊也经历了由政党（论）报刊向廉价报刊的转变，也因此奠定了传媒行业的盈利模式和产业属性的基础。由于18世纪社会环境的影响，美国早期报刊主要是政党报刊，它们在经济上依赖政党，内容上主要刊登政论性文章，大多数报刊沦为党派斗争的工具。19世纪三四十年代，以《纽约太阳报》、《纽约论坛报》和《纽约先驱报》为代表的廉价报刊（便士报、大众报纸）敢于把报纸以低于成本的负价格或零价格销售，在政治立场上标榜“不党不私”、“不偏不倚”，拒收政党津贴和资助，而把报纸的利润押在报纸质量和品牌带来的广告投放上；廉价报刊的内容以消息为主，报刊版面内容具备了消息、评论、图片和广告等现代报纸的几大要素；当时大规模生产方式在印刷术上的普及，使得报纸在短时间内大量复制成为现实，报业的进入门槛因此抬高，报业的产业化和商业化运作属性基本形成。这些因素决定了美国报业与生俱来的高度商业化

① 毛泽东.《文汇报》在一段时间内的资产阶级方向. 人民日报，1957-06-14

和产业化的属性和传媒生态环境。进入20世纪后，美国步入垄断资本主义时期，各行各业都出现了寡头垄断的市场格局，传媒生态环境出现了媒介并购、联盟和多元化发展的新特点。具体表现在美国报业垄断愈演愈烈，出现“一城一报”的报业垄断局面，而广播电视行业一开始就形成由全国广播公司（NBC）、哥伦比亚广播公司（CBS）和美国广播公司（ABC）寡头垄断的市场格局，20世纪80年代和90年代，福克斯（FOX）和美国有线电视新闻网（CNN）作为后起广播网进入门槛很高的广播市场。所以，美国的传媒属性本质上是高度商业化和社会化的，“印刷机生来就是印钞机”，传媒作为商业组织要遵循一般企业发展的规律，即逐步走向垄断的发展态势。

总的说来，英国的传媒兼具社会化和商业化的双重属性。英国报业同样走过了商业化和社会化的历程，但由于英国政府对于传媒的管制理念不同于美国，其广播电视体制和生态环境呈现出与美国不同的特点。在英国广播电视行业占据举足轻重地位的BBC基本上依赖英国政府的津贴生存。20世纪80年代，英国政府开始放松对传媒行业的管制，并实施私有化的传媒政策，从而开始私有化改革。到了20世纪90年代，英国国有电视台和私营电视台形成两分天下的市场格局。

中国的报纸带有浓厚的意识形态色彩，国人习惯上把大众传媒归属于上层建筑的范畴。而中国报刊的传媒生态环境一直伴随着政治、政党及其津贴，从古代邸报到近现代的几次国人办报高潮，报纸总是政府（朝廷）、政党和政治家的话语阵地和舆论工具。“政治家办报”从某种意义上基本涵盖了中国报纸的传媒生态环境。毛泽东认为，报纸属于意识形态或上层建筑的范畴，“在社会主义国家，报纸是社会主义经济即公有制基础上的计划经济通过新闻手段的反映；在资本主义国家，报纸则是无政府状态和集团竞争的经济通过新闻手段的反映”。改革开放之后，中国报纸才逐步突破政论报纸的框架约束，都市报和晚报如雨后春笋般出现，形成了主流政党报纸和商业化报纸共存的市场。中国的广播电视市场逐步推行改革，政府实施“断奶”，逐步取消广播电视的津贴和员工工资，放任于市场。

（二）传媒新闻理念比较

传媒属性决定了传媒运作和新闻文本所遵循的新闻理念。美国传播学者威尔伯·施拉姆（Wilbur Lang Schramm）认为，世界各国的新闻传播制度与其社会政治制度、传媒生态环境和传媒属性是一脉相承的，并总结为四种基本的新闻理论：集权主义理论、自由主义理论、社会责任理论和苏维埃理论[①]。

集权主义理论是人类传播史上第一种新闻理论。理论研究者赛伯特（F. Siebert）认为，报刊是国家的公刊，必须对当权者负责；大众传媒统一步调，国家才能顺利对其加以管制并使之为公众利益服务；在某些情况下（如国家处于战时或者军人统治下），集权主义理论可能体现了人民的意志。所以，国家应对报刊严加控制和审查，对违反有关规则的传媒应加重处罚。

约翰·弥尔顿（J. Milton）在《论出版自由》（1644）中提出报刊的自由主义理论。他认为，个人的力量是无限的，人的理性和智能应该得到尊重。基于此，他主张言论自由和出版自由，因为在"观点的公开市场"上，各种观点和言论可以自由传播，正确的观点和言论自然会被人们所接受，而谬论也自然会被人们所唾弃。

社会责任理论是对自由主义理论的修正，其核心内容蕴涵在美国新闻自由委员会发布的《自由和负责的报刊》等著述中。鉴于自由报刊对社会造成了一定的危害并招致了许多批评的现状，社会责任理论主张：传媒（报刊）对社会有着种种义务，要不负公众的信任；报刊要"供给真实的、概括的、明智的关于当天事件的记述，它要能说明事件的意义"；它应当成为"一个交换评论和批评的论坛"；要能描绘出"社会各个成员集团的典型图景"；要负责介绍和阐明社会的目标和美德；要使人们"便于获得当天的消息"。作为真正的职业传播者，还应当遵循公认的道德准则和职业标准，不为金钱而去做某些事，切实关心公众利益和国家利益。

苏维埃理论是集权主义的变体，可以从马克思、列宁和斯大林的著作中找到根源。威尔伯·施拉姆把苏维埃国家的大众传媒描述为：大众传媒与组织传播不可分割；大众传媒是国家和党的工具，是党实现统一、发布"指示"的工具；在苏维埃理论模式下，传媒几乎专用于宣传和鼓动，传播者强制传媒承担严格的宣传责任；传媒由国家经营和控制。

---

① ［美］威尔伯·施拉姆等．报刊的四种理论．北京：新华出版社，1980

施拉姆总结的四种新闻理论基本涵盖了中西方所有的传媒理念和新闻制度。当今，英语国家的传媒基本上遵循社会责任理论，因为该理论适应了战后西方资本主义社会的变迁及现实需要，从理论上维护了资本主义社会中的传媒制度，为英美传媒的商业化和集中化发展提供了理论基础。

苏维埃理论模式在20世纪60年代曾经为我国的传媒所采用。今天，我国的传媒，无论是报刊还是广播电视都开始面向市场，报业集团纷纷成立，广播电视也开始各种形式的商业化改革，综合性传媒集团也相继挂牌运营。但是，中国的传媒始终强调阶级性，其本质属性可以概括为“党和人民的耳目喉舌”，“我们国家的报纸、广播电视等是党、政府和人民的喉舌”。这既说明了新闻工作的性质，又说明了它在党和国家工作中极其重要的地位和作用。①

按照西方传媒学者的说法，大众传媒既发挥着传播信息、监督社会、引导舆论、教育娱乐等社会功能，也具有消磨受众时间和麻痹受众的负面作用。但在不同新闻理念支配下的传媒所体现的社会功能必然有所差别。英语传媒强调传播信息的功能，往往把消息和言论文本分开，标榜客观、公正和准确，以争取读者和广告商的支持，并获取利润。相比之下，中国传媒比较重视舆论导向和政治服务功能，特别是主流的党报和国家资助的广播电台和电视台，往往成为宣传党和政府的路线、方针、政策及弘扬社会主旋律和引导社会舆论的话语阵地。改革开放以来，随着人们对传媒属性和社会功能认识的不断加深，传媒的产业属性和经济属性的本质得以发扬，传媒的多种社会功能都被强调和重视起来。

在中国，新闻界崇尚陆定一的经典“新闻”定义：新闻是新近发生事实的报道。这个理念落实在新闻实践中就是中国传媒作为上层建筑的有机组成部分，更多发挥的是“宣传为本”、舆论导向和弘扬主旋律的耳目喉舌作用。与西方传媒信息传播功能指导下的新闻文本不同，中国新闻文本一切以有利于社会主义事业和社会稳定为归宿。在实践中，新闻工作要坚持党性、指导性和以正面宣传为主要原则。② 在新闻文本的主题选择和叙述方式上，多以正面宣传为主。

---

① 江泽民. 关于党的新闻工作的几个问题. 新华社新闻研究所. 新闻工作文献选编. 北京：新华出版社，1990. 190

② 胡曙中. 英汉传媒话语修辞对比研究. 郑州：郑州大学出版社，2007. 85

(三)文本主题选择和叙述方式比较

传媒及其新闻文本兼具经济基础和上层建筑的双重属性，新闻文本及其主题选择必然与社会的政治环境、经济环境、文化观念和意识形态有着密切的关系。自从新闻诞生以来，新闻报道及其把关人一直都在尽力平衡新闻的真实性和主题选择的倾向性。总的来说，在追求新闻真实性和恪守职业道德的同时，记者和编辑在采写新闻时总是要遇到材料取舍的两难选择，不自觉地在固有价值观和文化认知、意识形态的影响下，作出倾向性的选择或者融入主观色彩的思想、观点和意见。所以，新闻都是有主题的，新闻主题及其选择正是新闻报道和把关人所体现出来的思想、观点和意见。新闻生态环境、媒介管制政策和媒体所遵循的新闻理念则是新闻主题选择的直接影响因子。

不可否认，新闻文本的主题选择和叙述方式是在语言的外壳下发挥作用的社会化手段，隐含着不同的价值观念和文化认知、新闻理念。而不同的新闻文本的主题选择和叙述方式直接或间接地影响着人们的思维方式和生活方式，新闻主题对人们的态度和意识的形成发挥着重要作用。

新闻价值决定了新闻的取舍、新闻文本的处理，也决定着新闻主题的选择。英语传媒深受西方文化中猎奇、冒险、崇尚悲剧美等特点的影响，其新闻价值取向倾向于动态性和负面性，遵循“狗咬人”和“灾难、犯罪、女人及金钱至上”的新闻价值判断标准。而中国媒体往往倾向于选择典型性和时代性题材，在报道突发性、灾难性等重大危机事件时，往往选择积极、鼓舞人心或者充满人文关怀的正面信息作为新闻文本的主要素材，以体现中国传媒有益于构建和谐社会的作用。如获得第十五届中国新闻奖的两篇消息都表现了建设和谐社会、关注弱势群体的话题：“中国国家主席与艾滋病人握手”、“昆山31万农民刷卡看病”。

作为新闻文本取舍标准的新闻价值自然离不开新闻价值要素。英语媒体和中国媒体对于新闻价值要素构成的认识基本相同，中西新闻界都认为新闻价值要素包括时效性、重要性、显著性、接近性、奇异性和趣味性等。这反映了中英文媒体在新闻文本和新闻价值中所遵循的普遍性和规律性的东西。但是，中英文媒体在新闻价值的具体理解和微观操作层面上还是不尽相同的，这直接影响到新闻文本的主题选择。

过去一段时间内，克林顿性骚扰案、戴安娜车祸和琼斯案件曾经成为英语媒体连篇累牍报道的新闻事件。“关于新闻的显著性和重要性，中西媒体有着不同的取舍标准。从报道人物来说，美国新闻界经常以政界要人、富翁、各类明星等人的言行，尤其是他们的风流韵事作为具有显著性、重要性的新闻，甚至有时比一些重大的政治新闻的‘分量’还重。”①

中国媒体在对新闻文本显著性和重要性的理解与处理上与英语国家的媒体有所不同。关乎国计民生的重大路线、方针和政策，党政要人、社会知名人士的言行，媒体都会作为重要新闻加以报道，但这些人的私生活和隐私一般不报道。对于中国现代化建设中涌现出的各行各业的先进人物和事迹，中国媒体认为具有显著性和重要性，于是他们经常出现在媒体的强势版面或黄金时段。但是，一些都市报和小报，尤其是网络媒体盲目效仿英语媒体的做法，搜寻政界要人、各类明星、公众人物的私生活和隐私进行报道，引发了很多新闻官司，这是中西新闻文本在主题选择和新闻价值处理上存在区别的明证。

中西媒体都认为，时效性是新闻的生命，失去时效性的新闻就失去了报道的价值。但中西媒体在新闻文本的时效性方面同样存在着操作上的差异。

西方媒体非常重视新闻的时效性。现在，美国几大广播网旗下的媒体几乎可以同步报道世界上任何角落发生的具有新闻价值的事件。第一时间报道和独家新闻永远是西方媒体和媒体人追逐的目标。记者和编辑为了提高发稿效率，往往采取灵活的采写方法和编辑手段，一切为时效服务。中国媒体和新闻界则更强调科学而理性地处理新闻价值的时效性要素，妥善处理“新闻、旧闻和不闻”的关系，讲究新闻在时效性基础上的适宜性。“我国在追求新闻时效性的同时，更注重适宜性。适宜是指新闻报道时机的选择，它要求新闻工作者根据当时特定环境的需要来把握新闻稿件的播发与否，早发还是迟发。”②

在人情味要素的处理上，英语媒体强调人的本性，以读者是否满意和感兴趣作为新闻价值人情味的判断依据；中国媒体往往因势利导地选择“真善美”、高尚而健康、富有人情味的新闻加以报道，以达到引导舆论、陶冶情操和构建和谐社会的作用。

---

① 薛中军. 中美新闻传媒比较. 上海：复旦大学出版社，2005. 46

② 包重威. 中西新闻写作比较. 记者摇篮，2005（11）：52～53

英语国家的媒体往往以受众的喜好作为接近性新闻要素的基础，是本地受众或者细分化的受众喜欢的新闻和节目，他们就加以选择和报道，结果导致英语媒体中新闻报道的娱乐化倾向明显，娱乐类节目的内容和所占版面远远超过严肃性和重大新闻报道的内容及其所占版面。而中国媒体则关注国计民生和群众喜闻乐见的新闻，以“贴近生活、贴近群众和贴近实际”作为新闻价值中接近性的诉求标准。

英汉新闻文本的叙述方式不同。作为新闻的本源，客观事实经过记者和编辑的把关，通过报刊、广播、电视或网络等媒体传达给受众。客观事实在成为新闻事实的过程中，作为把关人的记者和编辑的文化背景和思维方式不同，新闻的叙述方式和文本表现就不同。“大众传媒的新闻作为一种典型的‘非虚构叙事形式’深受结构主义的影响，在新闻文本上形成事实、叙述与时空的三维框架。”①

英语国家的媒体惯用“讲述故事”的新闻叙事方法。把新闻素材整合成故事讲述给受众，便于受众理解和记忆，使受众在愉悦中接受新闻信息，这是真正贴近受众和生活的新闻叙事方法。大量而巧妙地使用新闻背景材料，给新闻报道平添很多趣味和魅力，这也是英语新闻文本叙事的一大特点。

中国媒体习惯于陈述事实，一般都有一套固定的写作模式。由于过去“左”的新闻思想影响下的口号式、模式化的报道方法还时有发生，叙事中充满华丽辞藻、排比对偶句式，政治说教色彩浓厚。例如，在灾难性报道中，中国传媒基本沿用“灾害不是新闻，抗灾救灾才是新闻”② 的主题选择和叙事方法，我们的灾难报道不是站在“事”的角度对灾情、抗灾、救灾进行反映，而是立足于从“人”的角度对事实进行总体审视，力求凸显人的精神，即“一方有难，八方支援”的优良传统。由“事实的悲”衍生出“精神的乐”。③

【翻译练习】

Translate the following article from *The Guardian* into Chinese. Then compare

---

① 薛中军. 中美新闻传媒比较. 上海：复旦大学出版社，2005. 237

② 王益民. 中国当代精彩新闻评说. 武汉：武汉大学出版社，1987. 51

③ 胡曙中. 英汉传媒话语修辞对比研究. 郑州：郑州大学出版社，2007. 127

your version with others' and comment on the translated version according to the translating approaches in this chapter.

Tax the Wealthy, Not Our Income

Patrick Collinson

It's a neat way to ditch probably the most hated tax in the country: scrap council tax and replace it with a local income tax. The Scottish National Party has gone furthest down this road, outlining this week how its local income tax plan will save the average Scottish family between 350 and 535 per year.

The Liberal Democrats are big fans, too. Why, they ask, are local taxes based on property values nearly 20 years ago, instead of what people can afford to pay today.

"It's about localizing power, too. Because, with a local income tax in place, we can decentralize our tax system-transferring tax-raising powers from national to local government." says Lib Dem leader Nick Clegg.

But let's see how this would work in practice. For a start, imagine the mess in your employer's pay department. Would it be their job to deduct, say, 3. 15p in the pound on my earnings as I live in Southwark, but 3. 14p to a colleague in Harrow and maybe 3. 09p to one who lives in Hertfordshire?

Or leave it to councils to endlessly pursue everybody in the borough for their P60s—including students who work during term time and vacations? Which councils would obtain their local tax revenue?

Putting aside the practicalities, a local income tax would have other highly undesirable outcomes. Let's take two identical semi-detached homes. In one lives a single pensioner on a total income of 15,000 a year, in the other a family with two children where both parents work and have a combined income of 48,000. The family struggle with a huge mortgage, while the pensioner has paid off his—and has some decent savings to rely on as well.

Scrap council tax and the family will pay more in the form of local income tax, while the pensioner will pay less.

The incentive for pensioners to move to smaller properties and release family homes on to the market also disappears.

Local income tax also broadens the net to cover many more individuals than currently pay council tax.

But what I find most puzzling is why we are so keen to tax income, but not wealth and property.

The Tories were at it again this week, promising a 1m or even 2m tax shelter for wealthy families when they pass on estates at death. This measure to protect the rich was being sold to the middle classes, worried that their "average" properties would fall into the inheritance tax (IHT) trap.

When Labor last year caved in to demands to raise the threshold, many people argued IHT should be indexed to house prices. I wonder how many of them will be arguing today that IHT bands should be lowered by 10% now that property prices have slumped?

Last week I was rung by my bank out of the blue but, before the operator would proceed, I was told I had to give my security details. Er, no, I said. How can I be sure you are who you say you are?

The next day, last minute. com rang about a hotel booking. Again, they wanted me to answer security questions before proceeding with the call.

In both cases I asked for a switchboard number I could ring, so ensuring the caller was genuine.

This request flummoxed both organizations. Last minute was completely unable to offer a switchboard number, while my bank passed me from one operator to the next until it eventually found one. These are worrying times for ID fraud. Why don't companies have procedures that let us check their details, rather than the other way round?

(*The Guardian*, September 6, 2008)

第二章

报纸新闻翻译

报纸仍然是当今世界上普及范围最广的媒体。本章分为三个部分，即新闻标题翻译、新闻导语翻译以及新闻正文翻译。新闻标题翻译是在纽马克的语义翻译和交际翻译理论的关照下，阐述如何翻译出标题的两大功能——传递信息功能和表达观点功能。新闻导语翻译则借用奈达的动态对等理论，分析不同导语的翻译方法。最后，新闻正文翻译以菲尔克劳夫的批评话语分析理论为视角，以韩礼德的系统功能语法为分析工具，初步探讨如何从司空见惯的新闻正文中挖掘出隐含的话语权力、意识形态等，并在翻译文本中体现出来。

一、新闻标题翻译

（一）新闻标题概述

1. 新闻标题定义

标题是一种独立的文本。从理论上来讲，它具有决定文本形态、内容和结构的功能；标题是新闻故事的高度浓缩，它吸引读者的注意力。标题既是文章的“点睛之笔”，又是吸引读者眼球的关键，是实现报纸“注意力经济”的重要环节。

2. 新闻标题的采写特点

传统上，标题很少由采写这个新闻故事的记者来撰写，标题撰写更多的是编辑的工作。标题所占的篇幅总是由页码的编排设计所决定，标题字体的大小也受到类似的限制。虽然新闻标题旨在吸引读者阅读一个新闻故事，但它经常是模糊的或者是容易混淆的。

3. 新闻标题功能

标题具有浓缩一个新闻故事的功能，而且某种特殊编辑手段下的标题往往能为读者提供新闻（标题内容）的全貌，及其相对重要性（直观冲击力和在报纸中的位置）和分类（在报纸中的版位——体育版、财经版、海外新闻版等）。因此，从理论上来讲，读者能够通过浏览标题来了解当天新闻的主要内容以及新闻的影响力和重要性。新闻标题主要有以下两种功能：

（1）传递信息。

标题具有传递信息和吸引读者注意力的双重作用。同时，新闻标题具有具象的功能，文本背后所蕴涵的意义远非文字本身的意思。那么，新闻标题是如何传递信息的？从标题制作者的角度来讲，标题所传递的信息实际上与新闻故事相关联。

既然标题是新闻内容的浓缩，标题中必然包含新闻故事要素“What”（发生什么事），“Who”（谁参与了事件），“Where”（事件发生在哪里），“When”（事件发生在什么时候），“How”（事件如何发生）中的一个或几个。下面一组标题是选自1996年8月14日有关同一新闻故事的报道，试看这些标题是否体现了以上五个新闻要素：

标题1：Lucky Escape as Plane Skids onto Motorway

标题2：And They All Lived

标题3：Actress Lisa's Amazing Jet Crash Escape

标题4：Four Got Out of This Alive

标题5：Cleese's Film Pal in Plane Crash Escape

很明显，标题1点明了新闻事件的“what”和“where”；标题2指出了事件的“who”；标题3只提出了事件的“what”以及“who”中的一个人物；标题4侧重提出了事件“who”中的四个人物；标题5除了给出事件的“what”，还给出了“who”的间接信息。

（2）表达观点。

当标题被设计能够吸引读者注意力并激发读者阅读新闻故事或者购买报纸欲望的时候，它们往往具有说服的功能。同时，标题还可以影响读者的观点。下面是有关查尔斯王子和戴安娜王妃婚变报道的一组标题，可以从其中管窥不同媒体对于这场婚变的倾向性态度。

(*The Sun*)

标题1：Bye Bye Big Ears

标题2：I'll Always Wear His Ring

标题3：I Felt Lump in My Throat as I Lifted Camera

标题4：You Will Love Again

标题5：You'll Always Be the Queen of Hearts

(*Daily Mail*)

标题6：Divorced：But Still She Wears His Ring

标题7：Two 10 Notes and the Dream is Over

(*The Mirror*)

标题8：Diana：I'll Run Rings Round Charles

标题9：With This Ring I Thee Shed

在《太阳报》（*The Sun*）的标题中，读者可以听到王妃的“声音”。标题1中，“Bye Bye Big Ears”可能是王妃的声音，也可能是报纸在向读者倾诉。《太阳报》的标题2给读者一种悲伤而哀怨的情绪，“Always”一词暗示了王妃对于婚姻的忠诚，同时使读者联想起查尔斯王子的行为。标题6和标题7反映了《每日邮报》对于这场婚变的态度——“同情”戴安娜王妃。标题6这种“同情”的态度更为明显。《镜报》（*The Mirror*）的标题也向读者发出了王妃的声音。

（二）中英文新闻标题的共同点和差异

标题是报纸读者购买报纸和阅读报纸时首先浏览的文本。标题制作者采用一系列创造性的语言手段来制作短小、吸引人并让读者印象深刻的标题，而且标题具有以言简意赅的语言来浓缩整个新闻故事的能力。我们在了解了新闻标题的功能之后，再来总结一下中英文新闻标题的共同点和差异，而了解中英文新闻标题的共同点和差异对翻译大有裨益。

1. 中英文新闻标题的共同点

（1）标题是新闻的重要组成部分，是新闻内容的概括和浓缩，旨在帮助读者选择新闻、阅读新闻和理解新闻，并吸引读者购买报刊。

例1：Lectures See Tony Blair Earnings Jump over 12m（*The Times*，October 29，2008）

例2：Government May Guarantee 3 Million Mortgages（*Washington Post*，October 29，2008）

例3：中国经济前景依然乐观（《人民日报》海外版2008年10月30日）

（2）标题明显的政治倾向性与新闻报道的客观公正性形成冲突。因为标题的制作者往往是报刊编辑，作为把关人，他们考虑的更多的是标题的功能和报社的立场，因而在概括和浓缩新闻内容时，便会技术性地融入自己对于报道的态度和倾向，旨在体现媒体的编辑理念和主张，以引导舆论和读者。

例1：Obama Really Preaches to the Converted（*The New York Times*，October 29，2008）

例2：大多数日本人希望改善日中关系（《人民日报》2006年3月31日）

例3：广东发布红色通缉令　全球缉拿香港大毒枭（《南方日报》2008年10月28日）

（3）标题言简意赅，“千锤百炼”。新华社一般要求英文新闻标题不得超过10个英文单词。

例1：Chinese Vice Premier Calls for Closer Ties with Mauritius（www.chinaview.cn，January 8，2010）

例2：IOC Chief：Beijing Olympic Games “Truly Exceptional Games”（www.

chinaview. cn，August 24，2008）

例 3：Strong Aftershock Hits SW Pakistan's Quake-hit Areas（www. chinaview. cn，October 29，2008）

（4）标题惯用典故、习语、俚语或口语。

例 1：Hit & Run：Scarlet Ladies Have More Fun

例 2：To Save or Not to Save

例 3：Candidate in the Wind

2. 中英文新闻标题的差异

（1）英文单词较汉字长，占空间大，因此用字务求简练，多用单行题，有时两行（主题加副题或引题加主题），注重字词的省略（系动词、助动词、连词、冠词等常省略）；汉字占空间小，字词含义丰富，中文标题多为两行甚至三行（即引题加主题、主题加副题或引题加主题加副题）。例如：

例 1："Young Marshal" dies at 101

例 2：张学良先生仙逝

两岸政要　唁电不绝

（2）中文标题讲究文字工整、语句对仗，而英文新闻标题具有成熟的写作模式。试比较：

例 1：Forestry Authorities Sued for being Irresponsible（www. china. org. cn，December 11，2007）

例 2："华南虎照片"事件再起波澜　郝劲松状告国家林业局

（《检察日报》2007 年 12 月 11 日）

中英文新闻标题互译时，首先要准确理解标题甚至文本的深层含义，译文准确是翻译时的中心考虑。其次译文在忠于原语的基础上，应追求翻译的"雅"，译文贵在创意。

另外，为了达到中英文新闻标题的语际转换，译者需熟悉英文新闻标题的写作模式：

①为了突出新闻的"时效性"，英文标题惯于把过去发生的事情用现在时态来表达；偶尔用动词过去式表示历史事件。

例 1：Chinese Premier Arrives in Moscow

例 2：Hu Jintao Meet Party Congress Delegates

例 3：CIA Taped Khrushchev's Conversation，Says Spy

②用动词不定式表示将来发生的事情。

例 1：Chinese President to Tour Four European Countries

例 2：China，EU to Strengthen Cooperation in Combating Illegal Migration

例 3：Defence Chief to Boost Modernization of PLA

③用动名词表示正在发生的事情。

例 1：India Mending Fences with Neighbors

例 2：People Flow Hurting the Wall

例 3：HK Tourists Waiting for Clearance to Come Home

例 4：Mainland Factory Output Booming

④标题中的系动词 be 一般要省略。

例 1：Russian President Welcomed at Beijing Banquet

例 2：ASEAN Keen to Attack Japanese Investment

例 3：Prospect for Sino-Japanese Cooperation Broad

⑤带有消息来源的标题。

例 1：Hong Kong's Future Sure to Be More Promising，Says Jiang Zemin

例 2：Peace to Prevail，Says Chinese Premier

例 3：Continue Our Good Work，Urges Albright

⑥标题中的冠词一般要省略，连词 and 通常用逗号代替。

例 1：Man Jailed over Bank Bomb Threat

例 2：Lawmaker to Quit for Top University Post

例 3：China，Japan Sign Air Traffic，Security Accord

⑦注意以下动词时态的特殊形式。

例 1：Worker Shook Hands with Dead，Court Told

例 2：Maid Tried to Injure Me，Says Employer

例 3：Put America First，Gore Told

⑧尽量避免“标签式”的标题。

例 1：Beijing's Third Space Launch

例 2：Fifty-fold Increase in Seizure of Fake Games

例 3：Angry Exchanges over Public Order Law

⑨使用国际上普遍接受的缩写词，如 U. N.，U. K.，CNN 等。

⑩使用短字同义词。

friendship—amity

association—society

negotiations—talks

delegations—groups

⑪用所有格 's 代替表示所属关系的 of 短语，有时用名词代替形容词。

China's Economy Shanghai's Tourism

（三）新闻标题的翻译

综上所述，新闻标题是新闻不可或缺的元素，用来总结新闻报道的主要内容，主要有传递信息和表达观点两种功能。在翻译以传递信息为主的标题时，译者应该以译出原语标题的信息为主要任务；在翻译以表达观点为主的标题时，译者应该更加关注新闻事件所涉及的各方面人物的态度和情感。不仅如此，标题的翻译还涉及两种语言、两种文化、两类读者。一个成功的标题翻译应该既含有新闻的信息内容，又突出其语言文化特征，给读者留下深刻的印象。为此，彼得·纽马克（Peter Newmark）提出的语义翻译和交际翻译策略很好地帮我们解决了关于新闻标题翻译的问题。[①]

语义翻译是指在翻译时，以原文为基础，尽可能按照原文的意思和句法结构，再现原文的意义。语义翻译允许译者对原作进行直接解析，可以让读者更加了解原文。

交际翻译以目标读者为中心，旨在让译文在目的语读者身上产生与源语读者一样的效果。交际翻译强调原作精确的语境意义，使语言和内容均被译语读者理解和接受。

在翻译以信息传递为目的的新闻标题时，译文应该反映作者的原意，传达正确的信息，以语义翻译为主。鉴于上述中英文新闻标题的特点和差异，译者在进行新闻标题的语义翻译时，要先阅读新闻文本，在掌握其内涵和几个 W

① 彼得·纽马克曾任英国中伦敦理工学院语言学院院长。他在《翻译问题探讨》（*Approaches to Translation*）一书中提出了语义翻译和交际翻译的概念。

的基础之上，把标题扩写成为一个完整的句子，然后翻译成另一种语言。

在翻译表达观点的新闻标题时，译文应该在目的语文化中再现源语文本的情感，使译语读者获得与原语读者一样的感受，因此要以交际翻译为主。译者在进行新闻标题的交际翻译时，应该在语义翻译的基础上，进一步根据译文目标读者的特点来提炼、打造和润色标题。

1. 新闻标题的语义翻译

报道1996年8月14日飞机坠毁事件的五个标题：

标题1：Lucky Escape as Plane Skids onto Motorway

标题2：And They All Lived

标题3：Actress Lisa's Amazing Jet Crash Escape

标题4：Four Got Out of This Alive

标题5：Cleese's Film Pal in Plane Crash Escape

标题1和标题3都提到了事件的内容，即飞机坠毁。从标题3可以看出，坠毁的飞机是一种喷气式飞机。标题3中"Actress Lisa"和标题5中的"Cleese's Film Pal"其实是同一个人。但是由于报社不同、撰写人及其出发点的不同，同样的内容就有了不同的信息呈现方式。反过来说，不同的信息反映了不同报纸不同的关注焦点，甚至可以反映报纸的性质，如标题3和标题5可能出自娱乐报纸。因此，在此类标题的翻译中，要以原文为重心，尽可能把原文标题的信息翻译出来，不要因为内容相似而作出改变，如把"Actress Lisa"翻译成克里斯电影女主角，虽然她们是同一个人，但是反映了不同的信息特点。采取语义翻译策略的参考译文如下：

标题1：Lucky Escape as Plane Skids onto Motorway
飞机滑向高速公路，乘客幸运死里逃生

标题2：And They All Lived
所有乘客幸免于难

标题3：Actress Lisa's Amazing Jet Crash Escape
女演员丽萨从喷气式飞机坠毁中神奇逃生

标题4：Four Got Out of This Alive
四名乘客死里逃生

标题5：Cleese's Film Pal in Plane Crash Escape

克里斯电影女主角在飞机坠毁中逃生

2. 新闻标题的交际翻译

下面是查尔斯王子和戴安娜王妃婚变报道的九个标题：

(*The Sun*)

标题1：Bye Bye Big Ears

标题2：I'll Always Wear His Ring

标题3：I Felt Lump in My Throat as I Lifted Camera

标题4：You Will Love Again

标题5：You'll Always Be the Queen of Hearts

(*Daily Mail*)

标题6：Divorced：But Still She Wears His Ring

标题7：Two 10 Notes and the Dream is Over

(*The Mirror*)

标题8：Diana：I'll Run Rings Round Charles

标题9：With This Ring I Thee Shed

这些标题涉及的新闻事件是发生在戴安娜王妃与查尔斯王子刚办完离婚手续之后，戴安娜站在汽车旁，旁边很多记者在拍照，她手上的婚戒闪闪发亮。在这组标题中，有些标题发出了王妃的声音，有些标题发出了读者的呼吁、报纸的声音和王太后的声音，但读者可能并未认识到这些声音实际上是报纸采用了不同的报道视角而已。同时，报纸和新闻标题所诉求的目标读者的观点和视角与报纸所设定的是一致的，即对王妃的同情和对查尔斯王子的敌对态度。实际上，对于这场婚变的新闻报道来说，读者可能并不是这种态度。因此，报纸总是创造一个新闻故事的参与者——一组新闻文本要诉求的预设的隐含读者。

诺德（Nord）作为功能派翻译理论的代表人物，在其代表作《翻译中的文本分析》（*Text Analysis in Translation*）[1] 中，提出了预期的文本功能，通过对案例原文隐含的预设的分析，比较了原语和译语在非语言因素、词汇的语域和预设等层面的差异，这可谓是预设的隐含读者在文本翻译中的明证。而作为

① ［英］杰里米·芒迪．翻译学导论．李德凤编译．香港：香港中文大学出版社，2001.100～106

传媒文本，报纸标题中的观点预设痕迹会更明显。仍以上述有关查尔斯王子和戴安娜王妃婚变报道的九个标题为例，各种观点在这些标题中的体现方式如下：

表 1　观点在标题中的体现方式

标题	实际声音	隐含声音	实际接受者	隐含接受者
2	王妃	报纸	读者	隐含读者
4，5	报纸	隐含读者/报纸	读者	王妃
1，8，9	报纸	王妃	读者	王子

标题 1 中的“Big Ears”指的是戴安娜的丈夫——查尔斯王子，他的耳朵很大，因此被称为“Big Ears”。标题不直接说查尔斯王子，隐含了戴安娜王妃对他的讽刺意味。如果只是简单地译成“大耳朵”，不仅会让译文读者感到费解（到底是在说人还是在说耳朵），而且很难体现标题的隐含意义。将其译为“大耳朵王子”，不仅明确了人物，而且把搞笑的“大耳朵”和一般人眼中神圣的“王子”放在一起，体现了其中的讽刺意味。

标题 2 表面上的意思是“我将永远带着他的婚戒”，实际意义是戴安娜离婚后，仍然保留“威尔士王妃”的封号，翻译成“我永远是威尔士王妃”，让译文读者感受到她虽“败”犹荣的自豪。

很显然，标题 3 的实际声音是那些拍照记者的，他们对戴安娜怀有深切的同情。采用交际翻译策略，可译成“举起相机，我如鲠在喉”。

标题 4 和标题 5、6 表达了人们对戴安娜的尊敬，她在人们心中的地位永不改变，采用交际翻译策略，可译成“你的爱永无止境”、“你永远是我们心中的王妃”。

标题 7 中的“Two 10 Notes”其实是离婚的费用，实际意思是他们已经离婚。但是，中国读者对这些费用没什么概念，采用交际翻译策略，可译成“婚已离”，易于读者理解和接受。

标题 8 表现了戴安娜自我鼓励和坚强的一面。标题 9 中的“thee”是古英语，表示“你”的意思，中文翻译也应与古语对应，整个标题采用交际翻译策略，可译成“仍戴婚戒，只是不再执子之手”。

这九个标题参考译文如下：

标题1：Bye Bye Big Ears
再见了，“大耳朵”王子
标题2：I'll Always Wear His Ring
我永远是威尔士王妃
标题3：I Felt Lump in My Throat as I Lifted Camera
举起相机，我如鲠在喉
标题4：You Will Love Again
你的爱永无止境
标题5：You'll Always Be the Queen of Hearts
你永远是我们心中的王妃
标题6：Divorced：But Still She Wears His Ring
虽然离婚，她仍然带着婚戒
标题7：Two 10 Notes And the Dream is Over
婚已离，梦已碎
标题8：Diana：I'll Run Rings Round Charles
戴安娜：我会比查尔斯过得更好
标题9：With This Ring I Thee Shed
仍戴婚戒，只是不再执子之手

3. 语义翻译和交际翻译相结合

纽马克认为，语义翻译是个人的，遵循原语作者的思路，容易过度翻译，追求细微的意义；交际翻译是社会的，围绕文本的信息和影响力，容易翻译不充分，译文会变得简单、清晰，风格自然、随意。因此，在很多情况下，译者应该把语义翻译和交际翻译看成一个整体。大多数新闻标题的翻译是把这两种翻译策略结合起来，特别是在以下三种情况中：

（1）无直接对应词汇。

一般情况下，新闻标题要求用词醒目、言简意赅和要点突出。如果目标语词汇找不到与源语对应的词汇来表达相同的意思，目标语言文本应该改写或者重新创造一个新的词汇来表达此意，这个时候交际翻译就起着至关重要的作用。新闻标题是纪实性的新闻文本。译者应该突出文本要旨及原文风格。因此，结合语义翻译和交际翻译能够在最大限度上保持原文的语义，同时保持其语境意义。以下是通过改变词汇将语义翻译和交际翻译结合的例子：

例1：High Quality Marriages are the Best Stress-busters for Women

参考译文：幸福婚姻最能缓解女性压力

原文标题积极正面，充满喜讯的色彩。为了保持该特色，此中文翻译完全忠于原文。译者将名词“stress-buster”译成动词“缓解”，用词性的转变来保持源语文本的形式，同时也使得目标语文本流畅通顺。

例2：Ground Zero Rebuilding Plans Revealed

参考译文：世贸遗址重建计划公之于众

“Ground Zero”意为“（导弹爆炸的）爆炸点”，或者是“射击的靶子”。“9·11”事件后，在美国英语中，它的意思是“纽约世界贸易中心的残存基地”。如果把它翻译成“地面零点”是不准确的，因为中国读者不明白其意思。相反，“世贸遗址”尽管没有与原文完全一致，但是它指出了“Ground Zero”的具体位置。因为中国读者对“Ground Zero”的内涵不熟悉，“世贸遗址”也起到了将具体的位置翻译出来的作用。

（2）语言结构不一致。

由于版面有限，英语新闻题目通常都省略了一些成分，译者应该将这些省略的部分还原并把它们翻译出来。从而让读者充分理解标题，使标题更加鲜明突出。所以，译者需要重新组合句子结构。

例：Still on a Budget Try These Cheap Fashion Tips

参考译文：九招教你省钱又时尚

原标题使用了一个设问句。而根据此句法翻译成中文是冗长且乏味的。在通读全文后，译者可知后面的内容是说明九种让人省钱又时尚的方法。为了让读者更好地了解全文的主旨，译者将两句话合并为一句，重组结构，但同时又保持了原文的信息（省钱和时尚）。结合使用语义翻译和交际翻译的策略不仅使译文变简单了，而且能抓住读者的眼球。

（3）修辞应用。

为了增强新闻的吸引力，作者也许会使用恰当的修辞手法让新闻标题更加生动、新颖并且让读者难忘。修辞方法的使用取决于读者的理解程度。因此，译文应该保持原文的修辞手法并将其改成相应的中文修辞手法，从而达到忠于原文的目的。

例：A Bowl of Soup a Day Could Keep the Pounds at Bay①

参考译文：一天一碗汤，脂肪减光光

在新闻标题中正确使用修辞手法可以增加报道的趣味性，从而吸引读者的注意力。这个新闻标题原文使用了押韵（“day”和“bay”）和仿词（“an apple a day keeps doctor away”）的修辞手法，同时译文也忠于原文，使用押韵和谐音双关语“汤”和“光”，从而突出了两种语言文本的修辞特点。

二、新闻导语翻译

（一）新闻导语概述

1. 新闻导语的定义

说到导语，我们首先应该弄清楚哪些新闻体裁或文体结构应该有导语。导语即消息或者解释性报道、特写、现场短新闻等有必要以导语为其结构组成的新闻体裁，即“用事实说话”的新闻体裁的开篇第一句话。正如上文所说，中英文新闻体裁及其采写方法有同有异，“用事实说话”的消息、特写、现场短新闻与“就事实说话”的评论或解释性报道的主要差别在于，前者在新闻结构上大多有导语段，最典型的是倒金字塔结构；而“就事实说话”的评论或解释性报道一般不需要导语段，中文的评论性文章在写法上更接近议论文。

2. 新闻导语的分类

新闻导语的分类和写法有很多精辟的论述，按照导语的写作方法分类，中英文新闻导语可以分为概括性导语（部分要素导语）和其他类型导语。

所谓概括性导语（部分要素导语），即新闻中几个 W 俱全的导语写法（When，Where，Who，What，有时候导语中包含 How）。

中文新闻稿的其他类型的导语主要有以故事或人物经历开头的，以生动的场景描写开头的，借助名人、名作品效应开头的，以生动有力的对比开头的，以恰当的引语开头的，等等。

3. 中英文导语写作比较

英文导语的写作有以下特点：

---

① 张钰瑜．语义翻译与交际翻译在新闻标题翻译中的应用——以 *China Daily* 新闻标题翻译为例．佛山科学技术学院学报（社会科学版），2006（6）：13～17

（1）导语不超过30个英文单词，使用简单的文法结构，少用冗长的复合句和修饰语。

例：BEIJING，Sept. 2（Xinhua News Agency）—— More foreign leaders have sent telegrams and letters recently to congratulate China on the complete success of the Beijing Olympics between Aug. 8 and 24.

（2）导语一般用肯定式，不用否定式，即使是否定的概念也要用确定的语言形式来表达。

例：The Beijing Organizing Committee for the Games of the XXIX Olympiad（BOCGO）has denied reports that the Olympic vegetable base in Yanqing District is using milk as fertilizer.（China. org. cn，December 26，2007）

（3）导语避免充塞太多事实和要素或空话，避免套话连篇。

例：Tony Blair's earnings since leaving Downing Street are calculated to have topped 12 million，more than six times his previous lifetime income.（*The Times*，October 29，2008）

（4）避免使用难懂的行话和术语。

例：Stock markets worldwide rebounded yesterday after several days of steep declines as investors snapped up beaten-down shares.（*China Daily*，October 29，2008）

（5）避免数字堆砌。

例：The industrial output of China's major industrial enterprises，which are companies with annual revenue of at least 5 million yuan（US $ 675,000），grew 17.9 percent year-on-year in October，the National Bureau of Statistics（NBS）said.（Xinhua News Agency，November 16，2007）

（6）避免过多且冗长的人名、地名和人物职衔。

例：ASTANA，Oct. 29（Xinhua News Agency）—— Chinese Premier Wen Jiabao arrived here Wednesday evening，starting a three-day official visit to Kazakhstan at the invitation of Kazakh Prime Minister Karim Masimov.

（7）导语需要必要的背景解释。

例：The Bank of England failed to respond to the warning signs of a looming recession and has wrongly delayed cutting interest rates until it was too late to stop growth contracting and unemployment rising sharply, according to one of the nine members of its monetary policy committee. (guardian. co. uk, October 29, 2008)

除了这些具体语言和写法上的区别，中文新闻稿的导语在结构上比较接近英文导语。在进行中英文“倒金字塔”结构消息的编译时，译者可以将原文导语段落直译作为译语文本导语来使用。

（二）新闻导语翻译

新闻导语往往以最简练的语言把新闻中最重要、最关键的内容概括出来，是新闻报道的精华所在，它使读者读完这段文字后就知道新闻的主要内容。因此，新闻导语翻译涉及两个最基本的问题：一是原语和译语的表达差异问题，二是信息要素的对等问题，两者相比，后者更为重要。对于翻译的对等问题，各学派出发点不同，说法不一。语言学派认为“对等”就是用译语的语法和词汇取代原语的语法词汇，主要着眼于词汇和句法层次在形式上的完全对应，相当于“直译”。文艺学派则认为译者要像文艺创作一样，选择最能反映原作美感的语言手段，强调艺术效果和美感层次上的对等，与“意译”相似。两个学派的观点各有侧重，可谓见仁见智。

尤金·奈达①认为翻译即交际，他在《翻译科学探索》（*Toward a Science of Translating*）一书中提出了“形式对等”和“功能对等”两个概念。“形式对等”是指“译文的形式和内容必须与原文尽可能接近”；“动态对等”即“最贴近源语信息的自然对等”。纯粹的形式对等会让译文读起来佶屈聱牙，奈达的动态对等翻译理论的核心就是正确理解原文和创造性地用另一种语言再现原文的过程，这是处理新闻导语翻译的重要理论依据。那么，如何在导语翻译中实现动态对等呢？

1. 概括性导语翻译

Hans Blix, the former director general of the International Atomic Energy Agency in Vienna, yesterday was the unanimous choice of the UN Security Council to head the new arms inspection commission for Iraq, ending weeks of wrangling.

---

① 尤金·奈达是交际学派翻译理论家的代表。

这是个典型的概括性导语，对时间、地点、人物、事件四个最重要的信息要素作了直接交代。该导语简洁明了，让读者对事件的重要事实有了一个大致的了解。如果只追求形式对等，那么可能产生如下的译文：

汉斯·布利克斯，维也纳国际原子能机构的前任主席，昨天成为联合国安理会伊拉克武器核查委员会新的负责人的一致选择，结束了几周来围绕此事出现的争论。

该译文完全重现了原文的四个重要信息要素，表达方式也与原文相近，但是读起来生硬、晦涩，不符合中文的行文习惯。一般情况下，中文时间状语放在句首，职位一般放在人名前面，多用动词。自然动态对等的译文如下：

昨天，曾任维也纳国际原子能机构主席的汉斯·布利克斯，经联合国安理会一致通过，被任命为新的伊拉克核查委员会负责人，从而结束了几周来围绕此事出现的争论。

2. *以故事或人物经历开头的导语*

Microsoft founder Bill Gates and his wife Melinda donated US $ 300 million more to charitable causes in the past year than did the US government. In moves aimed at reversing the health crisis among the world's poor, Gates targeted global health threats such as AIDS, malaria and tuberculosis.

该导语先提出了盖茨夫妇捐款的背景，为后面真正的导语作铺垫。在背景和真正导语之间，主语出现空当。形式对等的翻译如下：

微软公司创建人比尔·盖茨和他的妻子梅琳达在过去的一年里给慈善事业的捐款比美国政府多3亿美元。在扭转世界上贫穷人口健康危机的行动中，盖茨把主要的目标定位在全球性的健康威胁上，如艾滋病、疟疾和肺结核。

英语导语中为强调原因和方式，可以把它们放在句首，把主语放在后面；而在汉语表达中，习惯上把人或事放在首位，真正导语的主语是比尔·盖茨，应该先提出来，与前面的背景信息自然地衔接起来。动态对等译文如下：

在过去的一年里，微软公司创建人比尔·盖茨和他的妻子梅琳达给慈善事业的捐款比美国政府多3亿美元。比尔·盖茨正在努力扭转世界上贫穷人口的健康危机，他把主要的目标定位在全球性的健康威胁上，如艾滋病、疟疾和肺结核。

3. 以生动的场景描写开头的导语

Under the brilliant, mellow early November sun shine, multi-colored chrysanthemums of over 500 varieties rioted in color and beauty at Shanghai's annual floral opened at the People's Park today.

此导语前半部分生动地描写了菊花展的美景，真正的导语是后半部分，即一年一度的上海菊展今天在人民公园开幕。但此导语是一个简单句，生动的描绘作为附属成分由介词短语、形容词短语、过去分词作定语构成，如果译成汉语也是以附属成分出现，就会丧失效果。形式对等的翻译如下：

在11月初明媚温柔的太阳下，500多种五颜六色的菊花在上海一年一度的人民公园菊展中争相斗艳。

这样的译文在汉语读者眼里，客观性过多、美感过少。汉语在景色描写时，多用句子，少用短语结构，注重渲染气氛。动态对等译文如下：

11月初的太阳明媚温柔，500多种绚丽多姿的菊花在阳光下争相斗艳，一年一度的上海菊展今天在人民公园开幕。

4. 借助名人和名作品效应开头的导语

World heavyweight champion Lennox Lewis will consider retiring after one more fight against Mike Tyson. The Briton told BBC Radio 5：“I want one fight. Once I get Mike Tyson out of the way then I will probably think about retirement.” He thought it “very likely”, he would fight the American in 2001. “The public demands it.”

这类导语的翻译要译出名人的特点。这条导语里面有拳坛王者的狂言，要把其中傲慢、不可一世的语调翻译出来，特别要注意对“The public demands it”的处理，动态对等试译如下：

世界重量级冠军雷诺克斯·刘易斯考虑再战一场后退役——对付迈克·泰森。这位英国人在 BBC－5 电台上说：“我要再打一仗，只有当我把迈克·泰森赶走，才有可能退役。”他认为“极有可能”在2001 年与这个美国人交战。“大伙要求的嘛。”

5. 以生动有力的对比开头的导语

At first glance, the half-dozen cars could pass for a wedding procession. But look again, a hand-lettered message on the back of a green sport utility vehicle reads：“Just married to the pump.” Four empty gas cans dangle from the rear bumper, and yellow police tape serves as streamers. On the door, the words “SUV + GAS” are encircled with a heart.

这条导语对比体现在“At first glance”和“But look again”上，给读者一个由假到真的认识。读完导语之后，读者便会明白如此描写的目的是为了介绍这种新型体育工具车，从而达到强化读者印象的目的。因此译文也要体现这种明显的反差效果。动态对等译文如下：

乍一看，这六辆小车可称得上一列婚庆队伍了。再一看，却是一辆绿色体育工具车，背后写着："与水泵新婚。"后缓冲器上拖着四个摇摆不定的空气罐，而黄色的警用带则被用来做装饰彩带，一边的车门上画着一颗心，心中间写着"SUV + GAS"。

6. 以恰当的引语开头的导语

"Youth gangs are a serious threat to absolutely everyone in Chicago," says Police Lt. Thomas Hughes, "mainly because they are heavily armed and capable of committing any type of crimes." He estimated there are about 140 youth gangs, in this city, with a total of 3,000 to 5,000 members. Last year they were responsible for 33 killings and many other crimes.

这类导语引用消息中主要人物的关键性或有针对性、有代表性或有新意的谈话，以增强消息的真实性、可信度与权威性。这段引语是一位警官的总结，说这话时表情严肃，没有语气词，没有俏皮话，翻译的时候就应该保持这种风格。

"青少年流氓集团对每个芝加哥人来说，是一个严重威胁，"警察中尉托马斯·休斯说，"这主要是因为这些集团拥有大量武器，他们会干出各种各样的罪恶勾当来。"据这位警官估计，芝加哥市内大约有140个青少年流氓集团，成员总数达3 000 ~5 000 人。去年他们犯了33 起人命案和许多其他罪行。

三、新闻正文翻译

(一) 新闻正文翻译

新闻报道涉及社会的政治生活、经济活动、军事冲突、科技发展、外交斗争、文化体育动态以及宗教、法律、刑事、家庭等各个方面的情况，可以说凡属人类的物质世界、精神世界以及自然界所发生的一切事件无一不在新闻报道的关注视野之中。因此，新闻文体的题材十分广泛。按照新闻内容分，新闻可以分为法律新闻、体育新闻、政治新闻、经济新闻、科教新闻、卫生新闻、社会新闻等。本节内容以政治新闻为例来阐述新闻正文的翻译。下面是一篇有关美国和伊拉克的政治新闻。

US Missile Targets Iraqi Radar Site

Washington: A United States Air Force F–16 fighter plane fired a missile at an Iraqi radar site and after the jet was tracked electronically while in the "no-fly" zone over southern Iraq, the Pentagon said yesterday.

But the White House, explaining a long delay in announcing the strike, said it was unclear whether Iraqi radar has "locked on" to the plane on Saturday.

A Pentagon spokesman said the F–16 returned safely to its base in Saudi Arabia. It was not immediately known if the Iraqi site was damaged. The spokesman, confirming the strike about 18 hours after it occurred, said an investigation was under way. Iraq denied any such incident had taken place.

White House press secretary Mr. Mike McCurry, travelling in Florida with the US President, said Mr. Clinton had been briefed early on Saturday about the incident by a member of the National Security Council staff.

"There are no indications of changes in the status of anti-missile deployment" by Iraq, Mr. McCurry said. He referred reporters to the Pentagon for further details.

The Pentagon spokesman read from a statement that said the F–16 "fired a HARM (high-speed anti-radiation) missile at a radar site in southern Iraq after the aircraft was illuminated during a routine Southern Watch Mission".

The incident was first reported by *The Washington Times*. Only then was it acknowledged by the Pentagon and the White House.

Mr. McCurry denied that the delay was designed to protect Mr. Clinton from political fallout just before this week's presidential election. But he struggled to explain why the incident had not been announced sooner;

telling reporters aboard Air Force One that he had assumed the Pentagon had announced it earlier in the day.

Asked about the delay, White House chief of staff Mr. Leon Panetta said "I think they were waiting to see whether he (the F-16 pilot) was locked on to (by Iraqi radar). They don't know the answer to that."

The missile firing was the first of its kind since September 4, when Iraqi forces confronted US flyers twice as the US jets began their patrols over an expanded no-fly zone for Iraqi aircraft that Washington unilaterally declared the day before.

（二）新闻正文文本分析

尤金·奈达认为翻译的三步骤为分析、转换、生成。那么应该如何分析政治新闻的文本呢？翻译曾经被认为是艺术、技巧，直到20世纪70年代才有人不断倡导翻译是一门学科。该学科的核心是研究言语交际中语言间的相互转换，同时它又不断吸收其他学科的精华，指导翻译实践。在翻译过程中的原文分析这一步骤中，很多翻译家应用到了话语分析理论，收获颇丰。话语分析是一门新兴的、具有活力的学科。一般认为话语分析可分为三种学派：一是英美学派（the British-American school）；二是以法国哲学家福柯（Michel Foucault）理论为基础的学派；三是批评语篇（话语）分析（critical discourse analysis, CDA）学派。其中批评性话语分析经常应用于政治文本的分析。

批评性话语分析是西方语言学界20世纪70年代末至80年代初发展起来的一种话语分析理论。批评性话语分析的主要研究对象是社会性话语，特别强调对生活和社会历史背景的考察，其重点是发现和分析话语中那些人们习以为常却往往视而不见的语言结构和特点，以便人们对它们的含义进行思考。诺曼·菲尔克劳夫（Norman Fairclough）把这一观点解释为：语篇（text）是话语实践（discoursive practice）的产物，这个过程包括话语的生成（production）、传播（distribution）和接受（consumption），所有这些过程都是由特定的社会实践（social practice）决定的。他认为社会语言惯例与权力存在着一种二元的关系：社会语言惯例包含着不同的权力，不同的权力产生不同的社会语言惯例。这种二元关系在新闻文本上体现得尤其明显。那么，如何揭露话语中隐含的权力关系以及隐含的各种意识形态？诺曼·菲尔克劳夫提出一种三维分析模式。他认为话语或者任何特定的话语实践同时可以看做一种三维概念：语篇（a language text）、口语或书面语；话语实践（discoursive practice），包括语篇生成和解释；社会文化实践（sociocultural practice）。该话语分析包括三个过程：

第一，语篇描绘（description）。语篇描绘主要是对语篇的语言学特点进行描绘，一般采用韩礼德（Halliday）① 功能语法中的及物系统、情态系统等。

第二，语篇分析（interpretation）。语篇分析主要是对作者如何创造语篇和接受者如何理解语篇进行分析。

第三，语篇解释（explanation）。语篇解释主要是对语篇的意识形态和社会影响进行解释。换言之，该分析方法是微观的话语分析和宏观的社会文化分析的有机综合。这三个过程具体如下图所示：

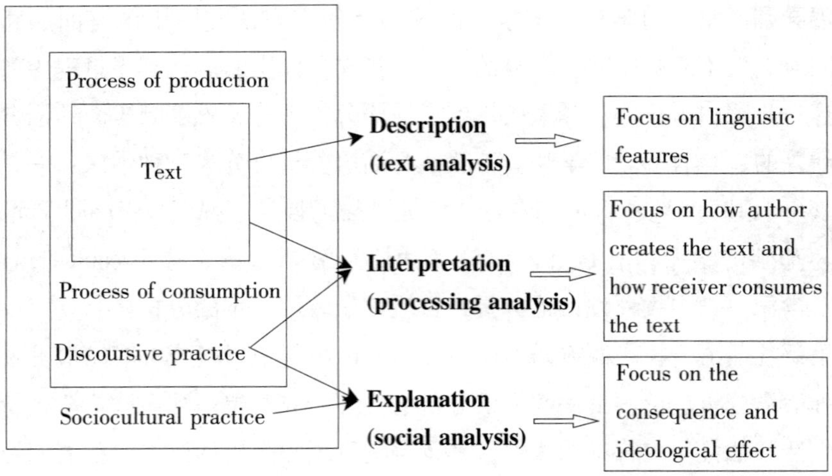

图 1　话语分析的三个过程

① 韩礼德 1925 年出生于英格兰约克郡利兹。他曾在伦敦大学主修中国语言文学，后来华深造。回到英国后在剑桥大学的弗斯（Firth）教授等著名语言学家的指导下，对我国 14 世纪用北方官话译述的《元朝秘史》进行了语言学分析，1955 年获博士学位。

1. 语篇分析与翻译

批评话语分析的一个方法就是用韩礼德的功能语法系统进行语篇描述。著名的语言学家韩礼德的功能语法是一个解释力很强的语言学理论，因篇幅有限，本书只从及物系统出发，分析它与翻译的关联。

韩礼德认为语言具有三大元功能（metafunction），即概念功能、人际功能、语篇功能。概念功能指的是语言可以表现语言使用者对主客观世界或内在世界和外在世界的认识和反映。该功能描述人在世界中的各种经验，即现实世界是由各种过程组成的原则。韩礼德把现实世界的所有经验分为六个过程，即物质过程（material process）、心理过程（mental process）、关系过程（relational process）、行为过程（behavioral process）、言语过程（verbal process）、存在过程（existential process）。这些过程在语法上通过及物系统来建构。每个过程主要由过程本身、过程中的参与者、与过程有关的环境成分三个部分组成。

物质过程是做某件事的过程，如 They built a house 就表示盖房子的过程。其中“盖”的过程用“built”来表示，“they”是行动者，“a house”是目标物。物质过程参与者一般分为两种，即行动者和目标物。但有时候目标物尚不清楚或不存在，这时就省略了目标物。如在“I resigned”这句话中，及物过程的参与者就只有行动者。

心理过程是感知的过程，如 I like/fear/dislike the mouse。其中“I”是感知者，“like”，“fear”，“dislike”表示心理过程，“the mouse”是被感知的现象（phenomenon）。因此，心理过程的参与者主要是感知者和现象。

关系过程是状态的过程。表示关系过程的句子一般含有联系动词 be。关系过程有两种，一种是归属类，如 She is clever 说明某物的属性或特点；另一种是识别类，如 The piano is Peter’s 侧重如何对事物进行确认。

行为过程是生理和心理行为的过程。行为过程的参与者是行为者（behaver）和事件（matter）。如 He is listening to the music 这句话中，“He”是行为者，“the music”就指事件。

话语过程是说话的过程，如 John said he was hungry。

存在过程表示某物存在或某事发生。一般是 There be 句型，如 There is a storm。

2. 语篇及物性分析与翻译

A United States Air Force F – 16 fighter plane fired a missile at an Iraqi radar site and after the jet was tracked electronically while in the “no-fly” zone over southern Iraq;, the Pentagon said yesterday.

这篇新闻的第一段介绍了事件的地点、人物、时间、事件。从及物系统来看，这句话包括三个过程，即两个物质过程和一个言语过程，如下表所示：

表 2　语篇及物性分析例一

句子	过程类型	过程
A United States Air Force F – 16 fighter plane fired a missile at an Iraqi radar site	物质过程	fired
the jet was tracked electronically while in the “no-fly” zone over southern Iraq	物质过程	tracked
the Pentagon said yesterday.	言语过程	said

在这两个物质过程中，均出现“A United States Air Force F – 16”——空军 F – 16 战斗机，在第二个分句中以“the jet”代替它。不一样的是，在第一个物质过程中，战斗机是以行动者的要素出现，主动作出了“fire”的行动。在这种情况下，“fire”这一动词是个带有目标物的过程，这样的过程一般情况下与故意行动有关，而且该行动的后果在行动者的掌控之中。第二个分句是一个被动语态的句子，战斗机是作为“track”的目标物，而不是行动者，是后果的承担者。在时间顺序上，被动过程在先，主动过程在后，那么被动的遭受就在某种程度上成为故意行动的理由，暗示了五角大楼对美空军发射导弹时间理所当然的心理。这句话试译如下：

昨日，五角大楼宣称：一架美空军 F – 16 战斗机在伊拉克南部禁飞区被电子跟踪后，便向伊一雷达基地发射了一枚导弹。

此译文不仅保留了原文的主动语态和被动语态，而且先译出“一架美空军 F－16 战斗机在伊拉克南部禁飞区被电子跟踪后”，不仅符合中文的行文顺序，也暗示着被电子跟踪是发射导弹的原因，一个“便”字内涵丰富，它字面意思为“顺利，没有困难或阻碍”，实际上反映了五角大楼不假思索、理所当然的态度。

But the White House, explaining a long delay in announcing the strike, said it was unclear whether Iraqi radar has "locked on" to the plane on Saturday.

这句话中虽然有五个动词，但是只有三个过程，即一个言语过程，一个关系过程和一个物质过程。因为“explaining”与“said”为同一个言语过程，“announcing”在“in announcing the strike”的状语短语中是与过程相关的环境成分。这句话的三个过程如下表所示：

表 3　语篇及物性分析例二

分句	过程类型	过程
But the White House, explaining a long delay in announcing the strike, said	言语过程	said
it was unclear whether Iraqi radar	关系过程	was
has "locked on" to the plane on Saturday.	物质过程	has "locked on"

在该句子中，白宫的态度很明显地表现在关系过程上。从文中可以看出，该句子的关系过程是一个无主句，可以改写成 Whether Iraqi radar has "locked on" to the plane was unclear on Saturday。很明显，这是一个归属类型的关系过程，可见白宫把“不清楚”客观化为“伊拉克雷达是否已‘锁定’了这架飞机”的属性，而不是自己的判断，推卸了自己的责任。这句话试译如下：

但白宫拖了很久才公布解释这次打击行动的原因：星期六人们还尚不清楚

伊拉克雷达是否已“锁定”了这架飞机。

译文虽然把原文中的关系过程译成心理过程，但是“人们”是个泛称，表示许多人，用“人们”取代“白宫”，推卸了白宫的责任，达到与原文异曲同工之妙。

以上是将批评话语分析应用到翻译中的两个例子。同样，原文剩余部分的翻译也同样可以用批评话语分析的理论和模式进行分析，读者可以在阅读以下参考译文的同时，进一步揣摩。

五角大楼的一位发言人说，该F－16战斗机已安全返回设在沙特阿拉伯的美军基地，伊雷达站是否被摧毁尚不清楚。该发言人在这次打击行动发生18小时之后证实了此事，并说正在调查。伊拉克却矢口否认此事。

随同美国总统正在佛罗里达旅行的白宫新闻秘书迈克·麦考利说：星期六上午，一位国家安全委员会的工作人员已向克林顿先生简要汇报了此事。

“没有迹象表明伊反导弹部署情况有何变化，”麦考利说。详细情况请记者向五角大楼询问。

这位五角大楼发言人宣读了一份声明说：这架F－16战斗机“在执行日常的南部警戒任务时遭到雷达跟踪后，才向伊南部一雷达基地发射了一枚高速反雷达哈姆导弹。”

《华盛顿时报》先报道了这起事件，五角大楼和白宫这才承认。

麦考利先生否认推迟公开此事是有意保护克林顿先生不要在本周总统选举之前引起政治纠纷。他竭力解释未早点公开这次事件的原因，并对驻第一空军的记者说，他还以为五角大楼那天早已公开了此事呢！

当问及此次拖延报道时，白宫参谋长雷恩·潘尼特说：“我想他们是等等看他（F－16战斗机飞行员）当时是否被锁定。他们不知道此事件的原委。”

这是9月4日以来第一次发射导弹。华盛顿前一天单方面宣布扩大伊拉克飞机禁飞区，当时美方飞机开始在区内执行巡逻任务，伊拉克军方两次与美方飞机发生冲突。

【翻译练习】

1. 标题翻译练习。

(1) World Eyes Mid-east Peach Talks

(2) A Vow to Zip His Lips

(3) After the Boom, Everything is Gloom

(4) Husband and Wife Team Unlocks New Gene Secrets

(5) Rein in Profit from Housing Sales

(6) The System Failed Her

2. 导语翻译练习。

(1) The Beijing Organizing Committee for the Games of the XXIX Olympiad (BOCGO) has denied reports that the Olympic vegetable base in Yanqing District is using milk as fertilizer.

(2) The earthquake monitoring center at the Three Gorges area inside the Chongqing section began construction Tuesday in Shizhu County, Chongqing. This center is the first of its kind in Three Gorges area and it will provide technical support regarding operation safety, earthquake damage relief and geologic disaster evaluation.

(3) On December 10, Hao Jinsong, a Chinese scholar of the law, brought in an indictment against China's State Forestry Administration (SFA) to the Beijing Second Intermediate People's Court. His suit refers to the dispute over the alleged South China Tiger. The court said that the case would be filed in a week.

(4) Beijing's total population has topped 17.4 million, including just over 12 million official residents in the household register and 5.4 million in the floating population, said Zhang Yunli, Assistant Director of the Beijing Municipal Commission of Population and Family Planning at a population forum held in Fengtai District, Beijing yesterday.

(5) China's independently developed Compass Navigation Satellite System (CNSS) has acquired area navigation capacity and will first be used for the 2008 Beijing Olympic Games, the *Shanghai Morning Post* reported from the NaviForum Shanghai 2007 press conference.

(6) On November 25, official from the Beijing Administration of Work Safety revealed that explosion-proof devices would be installed inside the oil tanks of all gas stations within the fourth ring road as part of ongoing safety inspections.

3. 新闻正文翻译练习。

Negotiators for most nations agreed Monday to terms for applying and enforcing a treaty for reducing global warming. The United States was not one of them. And while supporters of the treaty were urging President Bush to reconsider, his administration wasn't budging.

"Almost every single country stayed in the protocol," said the European Union's negotiator, Olivier Deleuze. "There was one that said the *Kyoto Protocol* was flawed. Do you see the *Kyoto Protocol* flawed?"

When a compromise was introduced on Saturday, Japan became the last nation to agree to the treaty. They were objecting to how nuclear power would be factored into the treaty and how to treat violators of the 1997 *Kyoto Protocol*.

European representatives stressed that while the treaty wasn't going to be as tightly enforced as they had hoped, it kept the treaty alive.

"I prefer an imperfect agreement that is living to an imperfect agreement that doesn't exist," Deleuze said.

Said Michael Meacher, British environment minister, "It's a brilliant day for the environment... It's a huge leap to have achieved a result on this very complex international negotiation. It's a huge relief."

The next step is for the nations to ratify the protocol, something the delegates think will happen in 2002. Fifty-five nations responsible for 55 percent of global emissions have to ratify the agreement for it to take effect.

"We have finalized the rescue operation," said EU Environment Commissioner Margot Wallstrom. "We have rescued the *Kyoto Protocol*. It is a major achievement because we live with this for many years to come."

【参考答案】

1. 标题翻译练习。

(1) 世界关注中东和平谈判

(2) 誓将守口如瓶

(3) 繁荣好景不再，萧条接踵而来

(4) 夫妻联手解开新的基因奥秘

(5) 严控售房利润

(6) 她与这种系统格格不入

2. 导语翻译练习。

(1) 针对有媒体报道“延庆奥运蔬菜基地用牛奶做奥运会蔬菜的肥料”一事，北京第29届奥运会组委会表示该报道纯属无稽之谈。

(2) 三峡库区重庆段地震监测中心站今天在重庆市石柱土家族自治县开土建设。该中心的建成将为三峡水库航运的安全运行、库区地震的减少及地质灾害损失提供技术支持。

(3) 12月10日，围绕“华南虎照片”事件，曾打过多场公益官司的青年法律学者郝劲松向北京市第二中级人民法院递交诉状，状告国家林业局，该院立案庭法官为郝劲松开了立案诉讼材料清单，表示将在七天内立案。

(4) 北京市的人口总量已经超过1 740万，其中户籍人口达1 200万，流动人口已达540万。在昨日召开的丰台区首届人口论坛上，北京市人口计生委副主任张芸莉透露了上述最新数据。

(5) 昨日，《上海晨报》记者从2007上海国际导航产业与科技发展论坛新闻发布会上了解到，我国自行研制的北斗卫星导航系统已具备区域导航能力。2008年，该系统将首先应用于北京奥运会。

(6) 11月25日，北京市安监局相关负责人透露，本市计划在四环路以内的加油站储油罐内安装防爆阻隔装置，以有效防止油罐爆炸。

3. 新闻正文翻译练习。

周一，大多数国家的代表都通过关于采用并执行一项缓解全球变暖的条约，只有美国不同意。即使这项公约的支持者一直试图敦促布什总统重新考虑，但布什政府并不打算让步。

欧盟谈判代表奥利维尔·德洛茨说："几乎所有国家都愿意遵守这项议定书，却有一个国家声称这个《京都议定书》有缺点。有谁能指出《京都议定书》的缺点吗?"

周六，当妥协方案提出后，就只剩日本还没同意这项公约的条款了。日本反对的是核能在这项条约中究竟应该怎么看待以及该如何处置那些违反1997年《京都议定书》的成员国。

欧盟代表强调，虽然这个条约将无法像他们原先所期望的那样严格执行，但起码这些放松后的条约内容大家都能接受。

德洛茨说："我喜欢一个不完美但能被各方接受的协议，而不是一个不完美并且无法实施的协议。"

英国环境大臣迈克·梅克说："对我们的生存环境来讲，今天是个阳光灿烂的日子……这么复杂的国际谈判能够达成一个结果，真可算是一次飞跃。真让人松了口气呀!"

下一步就是要让缔约各国批准这项协议，而各国代表觉得大概在2002年内应该可以完成这项工作。制造出占全世界排放物总量55%的55个国家必须让自己国内批准这项协议，并开始执行。

欧盟环境大臣马戈特·沃尔斯壮说："我们已经落实了解救行动，挽救了《京都议定书》。这是一项重大的成就，因为我们在未来的许多年里都将接受这个协议的约束。"

第三章

杂志新闻翻译

最初，杂志和报纸的形式差不多。现在，与报纸相比，杂志文本有着自身的特点、规律以及优势。本章着重从特稿和专访两种文本入手，分别采用不同的语言学理论分析理解杂志文本，并指导翻译实践。一方面，应用格莱斯的会话原则理论，解释对话式特稿中对话的隐含意义，又借鉴主位和主位推进理论，对散文式特稿及其相应的译文进行分析；另一方面，本章提出专访文本的特点和翻译问题。最后，由于杂志编辑理念的关系，杂志翻译往往会采用编译的形式。因此，本章也列出了一系列相关的杂志编译方案。

一、杂志文本特点

（一）杂志文本特点

杂志作为一种大众媒体，有其自身的运作规律和文本特点。学者们一直在寻找杂志媒介及其文本的共性，并加以界定。无论是传统杂志，还是诸如“60分钟”、“20/20”、“日界限”和“东方时空”等电视新闻杂志节目，其名字和形式都有同样的内涵：信息仓储。追根溯源，英语中杂志一词来源于阿拉伯语“makhazin”，即“仓库、货仓”。那么，杂志媒介作为观念、意见和信息的仓储，其运作和文本有哪些特点和规律呢？与报纸和广播、电视等媒体比较起来，它又有哪些比较优势呢？

1. 深度报道较多，便于诠释和倡导

与其他媒体相比，杂志文本的信息时效性不强，深度报道较多，其文本往往超越新闻事件本身，更多地关注事态和观念的分析。它不像报纸那样多采用硬新闻的采写手法，而是更多地采用特稿报道方式。例如，当洛杉矶发生地震的时候，《洛杉矶时报》（*Los Angeles Times*）会提供地震规模及其影响的信息，而《洛杉矶杂志》就会进一步提供背景信息，分析加利福尼亚州的地震历史、导致地震的地质原因以及减少地震危害的建筑技术方面的发展情况等。[①]

同时，由于杂志的目标读者定位明确，与其他媒体比较而言，杂志更能有效便捷地向读者提供意见和诠释事件，便于向读者倡导某种理念。

2. 内容和受众的高度专业化和细分化

杂志的内容和目标受众是高度专业化和细分化的。相对而言，电视网的目标受众和内容都很广泛。虽然很多报纸更多地采用特稿和深度报道的手法，并增加诸如房屋装修、美食和旅游等专业信息，但读者依赖报纸获取的仍然是每日新闻，而不是这些专栏信息。读者要获悉某个领域的专业知识和信息，还是要诉求专业杂志。

杂志的目标读者更加讲究专业化和细分化。杂志编辑往往根据其目标读者

---

① Johnson, S. & Prijatel, P. *The Magazine from Cover to Cover: Inside a Dynamic Industry*. Chicago: NTC Publishing Group, 2006. 6

的个体习惯特征、人口统计属性（年龄、收入、地理分布等）和心理特征（价值观、态度和信仰等）来定位和制作杂志。

从杂志的分类上可以证明其内容和目标读者的高度专业化和细分化。杂志可谓种类繁多、形态各异。据美国盖尔出版物目录的统计数字显示，1999 年美国杂志数量超过 12 000 种。[①] 杂志的分类方法有多种，按照地区来分，杂志可分为国际杂志、国内杂志、地区杂志和地方杂志。国际杂志《国家地理》（*National Geographic*）和国内杂志《美食家》（*Gourmet*）、地区杂志《中西部生活》（*Mid-west Living*）、地方杂志《芝加哥》（*Chicago*）的读者、内容和市场定位存在明显差别；按照报道内容和范围划分的话，杂志可分为消费者杂志、行业杂志、组织杂志、协会杂志、公共关系杂志、促销杂志、文艺杂志、简报杂志、星期天增刊、免费城市杂志和网络杂志或电子杂志等。

3. 持久性和连贯性

杂志印刷精美、装订成册，因此它在所有媒体中保存的持久性最好。报纸关注当日新闻，读者浏览之后即丢掉或者干脆用来包裹东西，电子媒体的内容更是转瞬即逝。而杂志文本往往可以重复阅读和使用。例如，人们可以把《家居园艺》（*Better Homes and Gardens*）或者《好管家》（*Good Housekeeping*）关于新型屋居建筑材料的文章传送给正在搞装修的朋友，也可以把《国家地理》杂志上某篇旅游散文推荐给喜欢旅游和文学的同事。

杂志有固定版位的栏目，杂志栏目具有连贯性。杂志的目标读者和忠实读者往往要求编辑在一个连贯而和谐的框架内，用不同的事件和问题使每期杂志都内容各异。连贯性和差异性因素的和谐平衡正是高质量杂志的标志。

随着时空转移，杂志内容不断更新，当杂志制作者决定改版或者把某个固定栏目放在一个新版位的时候，读者往往会注意到版面的变化。由于读者已经习惯在其所喜爱杂志中的某个固定位置寻找自己要阅读的文章或信息，所以他们可能会抱怨，而如何在栏目固定性和栏目内容的必然变化性矛盾中寻求平衡，成为杂志可持续发展及其与新媒体竞争的关键。

---

① ［美］萨梅尔·约翰逊，帕特里夏·普里杰特尔. 杂志产业. 北京：中国人民大学出版社，2006. 34

4. 杂志内容广泛，历时变化复杂

杂志作为记录历史的载体，其文本内容更是历时而变的。以美国杂志内容的历时变化为例，美国杂志起源于1741年本杰明·富兰克林（Benjamin Franklin）和安德鲁·布拉德福德（Andrew Bradford）创办的第一批杂志《大众杂志和历史纪事——给在美国的所有英国种植园》（*The General Magazine, and Historical Chronicle, For All the British Plantations in America*）和《美国期刊》（*The American Magazine*）［或《英国殖民主义政治地位每月观察》（*A Monthly View of the Political State of the British Colonies*）］。

从本质上讲，美国18世纪的杂志是各种材料的大杂烩，大多数文章都是从英国杂志、书籍和小册子上选取的，很少有署名的文章。到了19世纪，随着杂志阅读时代的到来，杂志内容更加广泛，情感小说、戏剧、诗歌和关于工业、教育、农业、经济科学和政治的各类文章无所不包。一批自称“杂志家”的作家伴随着19世纪的杂志“素材热”成长起来，杂志上开始出现署名文章。19世纪下半叶，人物传记成为杂志诉求的重要内容之一，杂志上也经常连载长篇小说或登载短篇小说。20世纪是杂志的分众化时代，杂志内容呈现出专业化窄众传播的趋势。为了适应第一次世界大战之后人们对工作、休闲和娱乐的态度转变，《时代》、《读者文摘》和《纽约客》三份杂志应运而生。在生活节奏加快的社会，这些杂志新生儿开始注重简洁的风格。为满足受众知情权的需要，为读者提供新的阅读视角。《时代》的编辑理念至今仍被奉为杂志界的金科玉律：①一周的新闻必须以栏目的形式按逻辑关系合理安排；②尽管杂志必须覆盖故事的各方观点，《时代》必须承担新闻事件解释者和评价者的角色；③写作必须简短、活泼和完整；④强调新闻写作必须体现作者的个性特色。[①] 与《时代》不同，《纽约客》创造了一种渗透着调侃和闪耀着智慧光芒的城市杂志模式。

5. 杂志与政治、文化的交互影响最为明显

由于杂志内容广泛，其文本涉及社会政治、经济和文化的诸多方面，而且

① ［美］萨梅尔·约翰逊，帕特里夏·普里杰特尔．杂志产业．北京：中国人民大学出版社，2006．101

杂志以深度报道、解释性报道和特稿见长，所以杂志可谓是“社会晴雨表”。在美国的历次社会变革和重大历史事件中，杂志一直以积极的姿态出现在读者面前，发挥着媒介应有的作用。在独立战争、废奴运动、“扒粪”（揭丑）运动中，杂志成为运动的议程设置者和战斗的号角；在冷战、民权运动、越战和“水门事件”中，美国杂志通过其新闻报道又充当着倡导者的角色。

图 2　《麦克卢尔》杂志 1903 年 1 月封面

图片来源：［美］萨梅尔·约翰逊，帕特里夏·普里杰特尔. 杂志产业. 北京：中国人民大学出版社，2006

1903 年 1 月，《麦克卢尔》刊登了艾达·M. 塔贝尔（Ida M. Tarbell）、林肯·斯蒂芬斯（Lincoln Steffens）和雷·斯坦纳德·贝克（Ray Stannard Baker）“扒粪者”（muckrakers）采写的调查新闻报道。

6. 符号化和拟态世界

杂志以图片和文字的形式组成版面语言，赋予世界以符号意义。通过杂志版面语言的这些符号，《美食家》展示完美的苹果馅饼，《体育画报》展示运动员的风采，《建筑文摘》展示装饰精巧的度假别墅。符号学理论的基点是所有传播过程都是符号化的，这些符号充满了文化意义，而定义和理解任何一种文化都可以通过研究其符号系统来实现。[①] 译者进行杂志文本翻译，其实就是杂志符号意义的语际转换。

杂志符号化的文字和图片可以创造一个拟态世界。在杂志所描绘的拟态世界中，麦当娜一年换五次角色，“肯尼迪们”影响着一代又一代人，白领男人和女人都很健康，穿着体面。沃尔特·李普曼（Walter Lippmann）用这一术语来指代媒介创造的世界，而这一世界与现实世界几乎没有关联。但读者在接近杂志并徜徉在杂志的真实报道或拟态世界中时，会通过使用杂志而得到满足。读者可能买不起《时尚芭莎》中华丽的服装，但他们依然欣赏这些领导时尚潮流的服饰；他们可能一辈子也买不了《家居园艺》中的豪华别墅，但这并不影响他们在杂志所创造的拟态环境下，体味着只有明星和富豪们才可以享受的生活。

拟态世界的一个必然结果就是拟态事件。历史学家丹尼尔·布尔斯汀（Daniel Boorstin）最早提出这个概念，媒介所创造的事件往往会变成现实。各类媒介的共性是提升个人的品牌和知名度。杂志封面故事就是一个拟态事件：模特一旦上了著名杂志的封面，各类明星就可以频繁约她；而一个上了《时代》杂志封面的普通艺人也意味着一夜成名。

（二）杂志文本的翻译特点

杂志文本翻译除了受中英文杂志文本的叙述结构和表达形式差异的影响，还有如下的一些特点：

1. 文本删改程度高

杂志内容广泛，不同读者、市场定位和细分化的杂志，其文本千差万别，体裁多以叙述、描写和议论等综合手法的解释性报道或特稿（写）为主。所以，在进行中英文杂志文本语际转换时，内容的删改程度更大些，以便符合译语载体的媒介特点和版面要求。即与报纸硬新闻比较起来，杂志的特稿编译要弹性处理。

---

① Siverman K. *The Subject of Semiotics*. New York：Oxford University Press，1983. 2

2. 拟态事件等引发的法律问题

杂志文本中包含大量的拟态事件，在进行拟态事件的翻译时，译者应考虑原语和译语在版权和肖像权等问题上的差别，充分尊重原语所在国和译语所在国在媒介法律和政策上的规定，严格按照两个国家有关版权和肖像权的条款来处理翻译中的问题和细节，如新闻由头和出处，对于名人和公众人物、政府官员肖像权和诽谤罪的不同界定等。

3. 文化认知和价值观

像报纸、广播、电视等媒体的目标读者一样，杂志读者是选择性地接近、阅读和认知杂志文本的，他们总是在固有的文化认知和价值观的支配或者影响下来阅读所谓客观而公正的新闻文本，一旦他们发现杂志文本包含着偏袒或者与自己固有价值观相悖逆的信息或理念的话，他们就会对杂志失去信心或者从此排斥该杂志。

在进行杂志文本翻译时，译者必须把译语读者已有的文化认知和价值观摆在首位来考虑，因为杂志的大多数文本不像报纸的硬新闻，它们更多的是带有倾向性的意见或者观点，所以在编译时充分考虑译语目标读者的固有文化认知十分必要。

4. 全球性和少数族裔杂志并非简单的文本翻译

杂志读者市场是高度细分化和专业化的，而且是第一种全国性和全球性媒体。20 世纪 60 年代以后，随着全球人种与种族群体间的移动平衡，全球性杂志和少数族裔杂志迅速发展。有些英语杂志以黑人、亚裔、西班牙裔为目标读者，如图 3 为《亚洲人》期刊封面。

在巴黎圣日耳曼大街上，你可以看到法语杂志和英语杂志摆放在同一个报摊上，还可以看到《科学美国人》（*Scientific American*）的法语版本（*Pour La Science*）和其他著名杂志的不同语种版本。

这些不同语种的全球性杂志不完全是直接翻译来的。《健美》（*Muscle and Fitness*）杂志的法国版就是美国版的直接翻译，两本杂志的封面照片都是相同的，如某一期的法国版和美国版的封面都是两个身强力壮的模特，身着泳装，在展示其发达的肌肉。封面导读“Une Meilleure Sexualite：Grace a un Seul Exercice”是从英语“Better Sex：Just One Exercise Away”直接翻译来的。绝大多数文章、插图和版式设计都是相同的。在题为“Spin Cycle：The Fun，Fast and Furious Way to Reduce Your Waistline”（《呼啦圈：最有效、最快捷、最有趣的健美腰肌的方法》）的文章中，被直译成法语“Le Spinning：Affinez Votre Taille Agreablement，Rapidement et Avec Acharnement”。美国版和法国版《商业周刊》的封面、内容和版式也大致相同。

然而，《时尚》（*Cosmopolitan*）、《首映》（*Premiere*）、《科学美国人》等杂志的美国版和法国版的文本、版式、封面、插图等差别很大。而由西班牙人发行的西班牙语版本的《读者文摘》、《时尚》、《时尚芭莎》、《好管家》和《大众机械》遍及拉丁美洲和加勒比海地区。在美国本土发行的西班牙语杂志用英语或英语与西班牙语混合写作。

图3　《亚洲人》期刊封面

图片来源：［美］萨梅尔·约翰逊，帕特里夏·普里杰特尔．杂志产业．北京：中国人民大学出版社，2006

二、特稿翻译

杂志文本体裁大致上可以分为新闻和特稿两大类。如上文所言，杂志文本的比较优势是特稿，尤其是在英文杂志中，各种各样的特稿文本使杂志充分发挥了深度报道和连续报道的比较优势，曾经形成与报纸和广播、电视三分天下的竞争格局。随着新媒体技术的发展，电子杂志和电视杂志栏目将新技术融入特稿体裁中，使特稿的影响与日俱增。

（一）特稿文本类型

英语杂志文本多以特稿（feature）为主。何为特稿？英文新闻学专著的界定基本一致：报刊中时效性不强而篇幅较长的新闻故事统称为特稿。特稿的采写范围更加广泛，与报刊新闻体裁旨在传递信息的叙述手法不同，作者可以综合运用各种采写手法和个性化风格。“一篇优秀的特稿就是一件创造性的艺术品”，特稿贵在“作者可以通过选题、结构和解释来控制新闻事实，而不像消息文本写作那样让新闻事实控制作者。”①

既然特稿的写法更多地受到作者采写的主观控制，而且采写范围广泛，所以特稿的类型多种多样。从采写路径和范围来分，特稿可粗略地分为以下三种：消费类杂志特稿，包括小说型的虚构文章（fictions）、占星术（horoscopes）、电视指南等娱乐性信息（listings）、艺术和政治性评论（reviews）等；就事实说话的新闻特稿（journalistic features），包括新闻背景特稿（news backgrounders）、专访和人物档案（interviews or profiles）、人物访谈（composite interviews）、人情故事（human interest stories）、散文（essays）、建议或忠告（advice）等；采用文学手法采写的新闻特稿（news journalism）②。按照更为详尽的内容来划分，特稿文本类型有描述性文章（descriptive and color writing）、人情味文章（the human-interest articles）、人物档案和素描

① McKay, J. *The Magazine Handbook*. London & New York: Routledge Taylor & Francis Group, 2000. 80 – 82

② McKay, J. *The Magazine Handbook*. London & New York: Routledge Taylor & Francis Group, 2000. 82 – 94 (profiles and personality sketches)、季节性特稿 (seasonal features)①、娱乐性和评论性文章 (entertainment features and critical writing)、追踪报道、连续报道和深度报道 (aftermath, follow-up and depth series articles)、旅游特稿 (travel writing)、服务性特稿 (service features)、个人传记 (personal experience articles)、幽默性特稿 (writing humor in feature articles) 和科技特稿 (writing science and technical features)②。

特稿是英语国家的新闻体裁，中国新闻学一般将特稿称为"特稿性消息"或者"新闻素描"，有时候将其纳入"通讯"名下。在我国台湾地区，特稿又称"专访"。杂志特稿体裁的产生是传媒竞争的结果。广播电视诞生以后，报刊在时效性上形成比较劣势。为了生存，报刊一方面不断提高报道的时效性；另一方面，积极对各类新闻事件进行挖掘，以满足受众想了解详细情况的需求，于是特稿应运而生。③

报纸特稿比较客观，多从第三人称角度陈述，一般是由报社的全职记者执笔；而杂志特稿弹性较大，甚至可以从第一人称的角度撰写，由业余作者执笔。杂志特稿或专访完全可以采用多种表述方式，一般采用描述性的文字，在中文里叫"新闻素描"。中英文特稿的遣词造句都讲究绘形绘声、生动形象。无论是描写人物、事件，还是地方、物体，特稿和专访都有独到而敏锐的视角，并从有趣而新鲜的角度来写。

实际上，中英文人物特稿或者通讯之间的差别是很大的。中国传媒的新闻价值取向决定了通讯趋向于选取宣传党和国家的路线方针政策的主题，或者先进人物和英雄的先进事迹。从获得历届中国新闻奖的作品中可以看出，中国传媒的通讯主题选择强调舆论导向和反映时代精神的选题。

英文特稿则强调选题的趣味性和个性化，把文本的新闻价值放在选题的第一位。英文特稿常见的选题是反映新闻人物的成长经历、性格和情感特征，从充满人文关怀的视角剖析特稿人物的内心世界等。英文特稿写作不像中文那样

---

① 指反映季节变化及其人类活动的特稿。

② Garrison, B. *Professional Feature Writing* (4th edn). New Jersey: Lawrence Erlbaum Associates, Publishers Mahwah, 2003. 113 – 400

③ 郑宝璇. 传媒翻译. 香港：香港城市大学出版社，2004. 144

过于讲究套路，它永远把特稿的可读性和趣味性放在首位，文无定法，一切以吸引读者的注意力为准则。

（二）人物特稿文本特点和翻译

杂志文本中的特稿往往采用文学作品的描写手法来刻画人物，在细节的描写上比较细腻、深刻，行文讲究文采和生动性。因此，杂志文本翻译注重“传神”地刻画人物，注重描绘景物的多姿多彩。但报刊特稿的翻译又不完全是文学性或学术性的，译者需要根据具体的语境和译语载体要求，对原语进行编译和删改。而要掌握人物特稿的翻译，必须先解构人物特稿的形式与特质。

1. 一问一答式

记者在采访一些公众人物和代表性人物时，往往采用一问一答（Q & A）的特稿形式。被采访的对象可以直接表达他们的意见、思想和行为，从特稿文本中可以反映问题的构思、采访人员和被采访对象的即兴反应和神态。译者应该配合被采访对象的专业，紧贴上下文去捕捉其言谈的神态或其中蕴涵的意义。

2004 年美国总统大选之际，NBC *Nightly News*（NBC《晚间新闻》）主持人和执行总监汤姆·布诺克（Tom Brokaw）即将退休，预示着其 20 年之久的晚间新闻节目主持人生涯的结束。当年 63 岁的布诺克曾经主持 1968 年的总统大选。七年来，NBC《晚间新闻》在他的主持下收视率一直位居榜首，与 ABC *World Tonight* 和 CBS *Evening News* 等节目共同成为美国的金牌节目。但是，这些所谓的电视金牌节目受到了有线电视、网络和广播的挑战。在大选来临之际，《洛杉矶时报》记者和美国哥伦比亚特区华盛顿大学传播学院副教授简·霍尔（Jane Hall）对布诺克进行了专访。

例子：

Q：What are you aiming to do in your political coverage this time?

Brokaw：It's early yet—but I think people want to get well beyond Washington speak，beyond all the fine-print arguments to the larger issues of values and character and integrity and the big picture. I think there's a whole body of American voters out there who feel like there's been shut out of the process in some fashion. That's one of the things that I'm going to be keenly aware of this time.

Q: The mainstream media initially missed the strength of Howard Dean's campaign. Was that because Dean was succeeding through the Internet—or because Dean's message was so strongly antiwar, and the conventional wisdom at the time was that such a message was suicide?

Brokaw: I think it was a combination of those things. I also don't think that you can discount the tepid response of Dean's opposition to his early gains—it gave him running room in a way that not even Dean could have anticipated. But this speaks to what's going on out there—which is that Dean is generating a new constituency of voters in the Democratic Party, and reaching them through the Internet. We're always a beat behind on what technology.

Q: NBC is the only major broadcast network that has a cable-news outlet. How do you see MSNBC and NBC working together in Campaign 2004?

Brokaw: Well, I hope we'll be greater than the sun of our parts. Politics works really well for us.

Q: Tell me how?

Brokaw: We'll be able to give two hours, for example, to the Democratic candidates' debates in Iowa and then in South Carolina in January. They'll air live on MSNBC and then be repeated there in prime time. And then NBC News programming will be able to take great chunks out of those debates for NBC News programs such as *Nightly News*, and the *Today Show*.

…

(*Columbia Journalism Review*, January/February 2004, 17–19)

这篇一问一答式的采访其实就是采访者与汤姆·布诺克之间的对话。人类之间的对话交流并不是由一系列毫无关联的话语组成。如果是的话，那么对话就失去了合理性。这些话语在某种程度上具有相互合作的特点，而且对话的每个参与者一定程度上从话语中认识到一个或多个共同的目的，或至少认识到一个大家都能接受的准则[①]。格莱斯（Paul Grice）是与语言哲学家 Austin, Strawson 同时代的哲学家，他认为对话参与人在对话中会遵循一个一般性的原则，即该原则要求话语与会话的现阶段和现时目的及方向所要求的相一致，以使会话能顺畅有效地进行下去，直至完成交际目的。格莱斯把这个原则称为“合作原则”（the Cooperative Principle）。

（1）合作原则概述。

格莱斯的会话合作原则源于康德的四个哲学范畴：质、量、关系、方式。康德认为所有事物都有自身一定的质的规定性、量的规定性、有与其他事物的关系以及自身存在的方式。会话原则具体体现为四条准则。

第一条是数量准则，数量准则与会话者提供的信息量相关，要求：

①所说话的详尽程度要与交谈的现时目的相一致；

②提供的话语信息不能够过于详尽。

第二条是质量准则，即要确保说的话真实可信，要求：

①不要说自己认为不真实的话；

②不要说自己认为缺乏充分证据的话。

第三条是关联准则，即所说的话要贴切，要与交谈目的和方向有关系，不说不相干的话。

第四条是方式准则，要求：

①避免拐弯抹角；

②避免模棱两可；

③所说的话要简洁明了；

④所说的话要条理清楚。

当然，对话的参与者并不时时刻刻都遵循合作原则，他可能会以很多方式违反其中的一条或多条准则，这种情况下他说的话就可能包含隐含意义，导致会话含义（conversational implicature）的产生。会话含义的产生有以下三种情况：

---

① Grice, H. P. Logic and Conversation. In Cole, P. & Morgan, J. L. (eds). *Syntax and Semantics*, Vol. 3: *Speech Acts*. New York: Academic Press, 1975: 41 – 58.

①会话者没有违反合作原则，或者起码别人不清楚有哪条会话准则被违反了。如：

甲：我没有铅笔了。

乙：楼下有个文具店。

除非甲认为楼下的文具店还在营业中，否则他就违反了合作原则中的关联准则。因此乙话语的隐含意义是甲可以到楼下的文具店买到铅笔。

②会话者违反了合作原则中的一条准则，不过是因为该准则与另外一条准则相冲突。如甲要买一件适合乙父母年龄的礼物：

甲：你父母年纪多大了？

乙：四十多了吧。

很明显，乙的答案不够详尽，违反了数量准则，但是乙无法提供更多的信息，因为如果他不违反数量准则的话，就有可能违反质量准则：不要说缺乏证据的话。因此乙的话语隐含了他不确定父母年龄的含义。

③会话者无视会话的合作原则，通过话语的修辞达到实现某种会话隐含意义的目的。

甲：我想到你家去玩一会儿。

乙：哦……你上周考试考得很好哦！

乙在这里无视会话的关联准则，拒绝说与甲的话语内容相关的话，暗含着乙由于某种原因，不愿意在会话的时刻招待甲，或者甲和乙的交情还没深到可以到乙家玩的地步等。

（2）合作原则与翻译。

Q：What are you aiming to do in your political coverage this time？

Brokaw：It's early yet—but I think people want to get well beyond Washington speak，beyond all the fine-print arguments to the larger issues of values and character and integrity and the big picture. I think there's a whole body of American voters out there who feel like there's been shut out of the process in some fashion. That's one of the things that I'm going to be keenly aware of this time.

译文:

问题: 您将如何进行这次政治性报道?

布诺克: 现在谈这个问题为时过早，但我认为，人们希望知晓华盛顿传言以及各种传媒报道之外完整而有价值的更大的新闻事件和图片。我想，美国有一大批选民，他们感觉自己一直被某种方式排除在选举过程之外。我正是对这次选举中的此类事情感兴趣。

在这个问答中，提问者直接切入主题，但布诺克对如何进行报道并没有提供详尽的信息，仅仅回答了他感兴趣的内容。显然，这是为了遵守质量准则而违反了数量准则。这隐含了布诺克对如何进行报道没有十足的把握，或者不愿意过早地向公众透露他的报道方式。原文中“It's early yet”明显地暗示着这一点，译文“现在谈这个问题为时过早”也干净利落地表明布诺克拒绝大谈特谈报道方式的隐含意义。

Q: The mainstream media initially missed the strength of Howard Dean's campaign. Was that because Dean was succeeding through the Internet—or because Dean's message was so strongly antiwar, and the conventional wisdom at the time was that such a message was suicide?

Brokaw: I think it was a combination of those things. I also don't think that you can discount the tepid response of Dean's opposition to his early gains—it gave him running room in a way that not even Dean could have anticipated. But this speaks to what's going on out there—which is that Dean is generating a new constituency of voters in the Democratic Party, and reaching them through the Internet. We're always a beat behind on what technology.

译文:

问题: 刚开始，传统主流媒体错过了对于 Howard Dean 竞选报道的最佳时机，这是否因为 Dean 在网络竞选上取得了优势，或者因为他的演讲具有明显的反战倾向，而当时公众的态度意味着这样的竞选言论无异于自毙？

布诺克： 我想这些因素都有。但我认为，你也不能忽略 Dean 的竞争对手在他得势时候的冷淡反应，从某种程度上来讲，这给了他得以喘息的机会，连 Dean 也未曾预料到这一点。话说回来，Dean 正在通过网络争取支持民主党的一个新选区。网络竞选总能抢占先机。

在第二组的小对话中，采访者分析传统主流媒体错过报道 Dean 竞选的最佳时机时指出了两个原因，而布诺克无视数量准则，对传统主流媒体错过了 Dean 竞选报道的最佳时机这一事实提供了另一方面的解释，即 Dean 的竞争对手在他得势时候的冷淡反应，暗含了这个原因在布诺克眼里的重要性。译文不仅在形式上译出了布诺克无视数量准则，而且“从某种程度上来讲，这给了他得以喘息的机会，连 Dean 也未曾预料到这一点”这一句译文中，两个“这”强调了“Dean 的竞争对手在他得势时候的冷淡反应”这个因素的重要性。

Q： NBC is the only major broadcast network that has a cable-news outlet. How do you see MSNBC and NBC working together in Campaign 2004?

Brokaw： Well, I hope we'll be greater than the sun of our parts. Politics works really well for us.

译文：

问题： NBC 是唯一拥有有线电视新闻网的广播公司。您如何看待 MSNBC 和 NBC 在这次大选中的联合报道？

布诺克： 噢，我希望我们的合作会使报道更加出彩。我们的政论报道的确很成功。

“Well, I hope we'll be greater than the sun of our parts.” 这里布诺克违反了质量准则，即范畴的不真实。布诺克真正要讲的不是“太阳”（sun），而是要让听者找出太阳与合作的共同之处，其实这是一个隐喻，隐喻是违反质量准则的一种形式。但因为中文中没有类似的隐喻方式，故把这句话意译成“噢，我希望我们的合作会使报道更加出彩”，即在译文中布诺克是遵守了质量准则。

Q：Tell me how?

Brokaw：We'll be able to give two hours, for example, to the Democratic candidates' debates in Iowa and then in South Carolina in January. They'll air live on MSNBC and then be repeated there in prime time. And then NBC News programming will be able to take great chunks out of those debates for NBC News programs such as *Nightly News*, and the *Today Show*.

...

译文：

问题：告诉我们这是如何操作的？

布诺克：例如，我们能够拿出两个小时报道1月份爱荷华州的民主党候选人的辩论，然后再报道南卡罗来纳州的情况。MSNBC将进行直播，然后在黄金时段重播。NBC将在诸如《晚间新闻》和《今日新闻》栏目中转播大部分内容。

……

（《哥伦比亚新闻评论》，2004年第1~2期，第17~19页）

在这个问答中，布诺克的回答遵守了合作原则的四个准则，不仅与问题相关，而且详尽真实，还条理清楚，因此最好是采用直译的方法翻译出来。

翻译访问式特稿看似简单容易，但事实上，会话者经常会话里有话、弦外有音，译者应该认真分析话语的表面意义和隐含意义，才能够翻译得透彻、完整。

2. 叙述与问答兼用的散文式

例子：

Room to Roam—Rebecca Solnit's Peripatetic Education

Just what kind of a writer is Rebecca Solnit? It's not an easy question to answer, given the effortless way she crosses the borders of disciplines and genres. Her irrepressible curiosity has led her to investigate and reflect on a diverse range of subjects: landscapes both rural and urban, politics, the environment, indigenous people, technology, gender, art, and photography. Each of the labels that have been used to describe her—historian, journalist, cultural theorist, critic, activist—bumps up against the others.

A look at her publication history further illustrates that capacious quality.

. . .

Q: As you were putting together *Storming the Gates of Paradise: Landscapes for Politics*, were you able to make any observations about your writing and your career to date?

A: I'd been anticipating at some point assembling a sequel to *As Eve Said to the Serpent* and expecting it to be similar because my interest in gender politics and representations of landscape in nature hadn't died away. When I started to look at what I'd actually been writing over the last few years, I realized that he work had become much more directly political and much more urban.

. . .

(Peter Terzian. *Columbia Journalism Review*. July/August 2007, 50 – 53)

这篇特稿通过叙述和描写的手法记录专访的整个过程，动态地反映了被访者的性格特征、思想状况和精神面貌，给读者以深刻印象。在叙述类文章中，作者经常围绕一个话题展开，译者要注意原文的主位和述位结构，考虑中英文主述位结构的差异，从而使译文主题突出，个性鲜明。

（1）主述位结构概述。

主述位结构（thematic structure）理论最早是由布拉格学派的创始人之一捷克语言学家维伦·马泰休斯（Vilem Mathesius）提出的。1939 年，他发表了“论功能句子观”（Functional Sentence Perspective）的论文，用信息论的观点对传统语法中的主语和谓语进行修改，提出了主位和述位两个概念。韩礼德（1994，2000：37）接受并发展了主述位结构理论。他为主位和述位下的定义是“主位是信息的起点，是小句关注的内容。信息中剩下的对主位加以说明的部分称为述位”。在《系统功能语法导论》一书中，主位分为四类：单项主位（Simple Theme）、复项主位（Multiple Theme）、句项主位（Clause as Theme）、谓语性主位（Predicated Theme）。

单项主位不可以再分成更小的功能单位，往往是一个或多个名词、一个副词等。如：

Tom gets up 6：00 every morning.

主位　　　　述位

复项主位则由多个语义成分构成，可以进一步划分为语篇主位（textual theme）、人际主位（interpersonal theme）和话题主位（topic theme）等，如：

Very carefully she put him back on his feet again.

主位　　话题主位　　述位

句项主位是由整个小句（复合句中的主句或从句构成）充当主位，如：

If I were a bird，I would be happier.

主位　　　　述位

谓语性主位则主要指将谓语通过强调句型“it + be + ...”前移作为复合句中的谓语性主位。如：

It is my son who opened the door.

主位　　述位

（2）主位理论与翻译。

Just what kind of a writer is Rebecca Solnit? It's not an easy question to answer, given the effortless way she crosses the borders of disciplines and genres. Her irrepressible curiosity has led her to investigate and reflect on a diverse range of subjects: landscapes both rural and urban, politics, the environment, indigenous people, technology, gender, art, and photography. Each of the labels that have been used to describe her—historian, journalist, cultural theorist, critic, activist—bumps up against the others.

这段话的四个主位分别是：

T1：Just what kind of a writer

T2：It's not an easy question to answer

T3：Her irrepressible curiosity

T4：Each of the labels that have been used to describe her—historian, journalist, cultural theorist, critic, activist

T1 是一个复项主位，其中“Just”是语篇主位，“what kind of a writer”是话题主位。申小龙认为，汉语中普遍存在“主题+评论”，即“先提出我们想要说明的一个话题，它可以是一个词，也可以是一个词组，甚至是一个句子的形式，总之是一个要说明的板块，然后对这个话题加以评论”。[①] 因此，我们在翻译这句话时最好把话题主位放在句首，以符合中文的习惯。这句话试译如下：Rebecca Solnit 究竟属于哪种类型的作家？

T2 是一个句项主位，如果按照字面意义译为：“它是一个难以回答的问题”，不仅与篇章的主题相关性不强，而且不能与前面一句话衔接起来，把“它”改译成“这”，既衔接了上文，也突出了主题。

T3 是个单项主位，与话题相符，故可直译成“她强大的好奇心”。

T4 是个复项主位，同样的道理，为了突出文章的主题，把话题主位先译出来，可译为“她曾经被人称为历史学家、记者、文化理论家、评论家、活动家等”。

---

① 申小龙．中国文化语言学．长春：吉林教育出版社，1990. 223

整篇文章参考译文如下：

从书斋到太空的漫游求索——Rebecca Solnit 的巡回式教育

Rebecca Solnit 究竟属于哪种类型的作家？这是个难以回答的问题，她毫不费劲地跨越了各个领域和专业的界线，成为百科式作家。她的好奇心和探索精神引导她调查和反映各个领域的话题：都市和乡村风景、政治、环境、土著居民、技术、性别、艺术和摄影术。她曾经被人称为历史学家、记者、文化理论家、评论家、活动家等，这些风格迥异的称号，却能汇集在她一个人身上。

浏览 Solnit 的作品，就更能说明她百科式的写作风格和魅力。

……

问： 您撰写 *Storming the Gates of Paradise: Landscapes for Politics* 散文集之际，是否能够对于自己已发表的著作和作家生涯作一评论？

答： 我一直计划从某个切入点来编撰 *As Eve Said to the Serpent* 的续集，并期望成功，因为我对性别政治和田园描述的兴趣一如既往。当我开始审视近些年自己的作品时，我真正认识到，自己的写作风格和作品走向越发政治化和都市化。

……

（Peter Terzian.《哥伦比亚新闻评论》，2007 年第 7～8 期，第 50～53 页）

这类特稿的翻译可以更多地将译者的观察和情感倾注其中，译者的主观能动性发挥空间大。译者要捕捉原文的意象，紧随原文的节奏，保持原文的语气，通过译语生动、细腻地把原语的情景描述出来。

杂志目标读者的阅读目的一般都是消遣和娱乐，译者在翻译时更应该追求可读性，即在理解原文的基础上，利用“译写”或“译述”的方式，运用朴素而生动的文字反映人物的个性、情感和人性的真谛。此类特稿的翻译不能等同于文学作品，用词不必深奥。

3. 叙述与描写兼备的散文式

例子：

Looking at "Life Two"

Being hard of hearing is just another part of her amazing new life since the 7/7 bomb at Russell Square, says Gill Hicks. Sophie Woolley reports.

Gill Hicks was late for work the day of the London bombings on 7, July 2005. She was in a rush to get to a meeting. There were problems on the Tube and so she took the fateful decision to take a different route. She was standing right next to Germaine Lindsey on a crowded Piccadilly Line train when he detonated the bomb in the tunnel near Russell Square tube station.

Miraculously, she survived. Her life hung in the balance for days and both her legs were amputated below the knee. When she came round, her old life (which she calls "Life One") was over and "Life Two" was just beginning.

As well as losing her legs, she was also deafened by the blast. Speaking of her rescue nearly two years after the day, she says, "I could hear my rescuers say, 'Stay with us'. I could hear muffled things. But at that stage I think my ears were still bleeding and ringing."

Gill's fiancé, Joe, calmed her when she finally came to in hospital and realized she had lost her legs. Knowing she was deafened, he instinctively knew how to speak to her so she could understand.

...

Leaving the bubble.

...

Wary of pity.

...

Life's strange tricks.

...

(*One in Seven*, issue 60, August/September 2007)

这类特稿多是短程访问，有时候甚至没有经过面对面的采访或电话采访，只是简单地依靠资料搜集而完成。译写这类特稿的主要问题是专业性或背景性的文本处理问题，即着重于特稿的主题性、资料的可观性和撰写人的叙述技巧。因此，在翻译这类文章时，要注意原文中的主位、述位以及主位推进模式，主位推进模式往往能反映出文章的衔接方式和叙事结构的规则，在翻译中起着举足轻重的作用。

（1）主位推进模式概述。

最先提出主位推进理论的是布拉格学派的 Danes（1974）。他给主位推进下的定义是“主位推进是对话语主位的选择和排序，是各个主位间的相互关系和等级关系，也是主位与更高一级的篇章单位、整个文本以及情境的关系”。他认为主位推进有以下三种类型：

①简单延续型，即前一句的述位或述位的内容为后一句的主位或主位的内容。如：

I have bought a book. The book was written by a friend of Jane's. He is now working in London.

该句的主位推进模式如下：

T1 →R1

↓

T2（= R1）→R2

↓

T3（= R2）→R3

②主位同一型，即主位相同，述位不同。如：

We real cool. We left school. We lurk late. We strike straight.

该句的推进模式如下：

T1→R1

↓

T2（=T1）→R2

↓

T3（=T1）→R3

↓

T4（=T1）→Rn

③扩充型，即所有小句的主位在语义上都归属于同一个大的主位，它们或是对大主位的重复，或是和大主位具有等值关系域、扩展关系域、反义关系，或下义关系域、同义关系等。

（2）主位推进模式与翻译。

Gill Hicks was late for work the day of the London bombings on 7，July 2005. She was in a rush to get to a meeting. There were problems on the Tube and so she took the fateful decision to take a different route. She was standing right next to Germaine Lindsey on a crowded Piccadilly Line train when he detonated the bomb in the tunnel near Russell Square tube station.

在该篇特稿的第一段中，主位推进基本上呈现主位同一型模式。

T1（Gill Hicks）→R1

↓

T2（she）（=T1）→R2

↓

T3（there）→R3

↓

T4（she）（=T1）→R4

↓

T5（she）（=T1）→R4

译文：

2005年7月7日，伦敦爆炸事件发生当天，Gill Hicks上班迟到了。她正赶着去参加一个会议。地铁出现了一些问题，于是她作出了一个“致命”的决定——改乘路线。她乘坐了拥挤的皮卡迪利线地铁，当她刚到Germaine Lindsey站时，Russell广场地铁站附近的隧道就发生了爆炸。

译文分析：

译文的主位推进模式如下：

T1（2005 年 7 月 7 日，伦敦爆炸事件发生当天，Gill Hicks）→R1

↓

T2（她）（=T1）→R2

↓

T3（地铁）→R3

↓

T4（她）（=T1）→R4

↓

T5（她）（=T1）→R4

在译文中，第一句的主位与原文的差别在于原文中的主位是单项主位（Gill Hicks），译文的主位是复项主位（2005 年 7 月 7 日，伦敦爆炸事件发生当天，Gill Hicks），原文的主位在译文中充当话题主位的成分，这是根据汉语的行文习惯作出的调整。众所周知，汉语一般把时间状语放在前面。第三句的主位也是由于汉语的表达习惯，改成地铁。除此之外，整个段落的主位推进模式紧贴着原文的主位推进模式，译文与原文就像果皮与果肉一样，浑然一体。

整篇文章参考译文如下：

劫后余生

据 Sophie Woolley 报道，自 7 月 7 日 Russell 广场爆炸事件以来，听觉丧失所造成的困难只是 Gill Hicks 奇迹般新生活的一部分。

2005 年 7 月 7 日，伦敦爆炸事件发生当天，Gill Hicks 上班迟到了。她正赶着去参加一个会议。地铁出现了一些问题，于是她作出了一个“致命”的决定——改乘路线。她乘坐了拥挤的皮卡迪利线地铁，当她刚到 Germaine Lindsey 站时，Russell 广场地铁站附近的隧道就发生了爆炸。

Gill Hicks 奇迹般地活了下来。但从此以后，她不得不在双拐的支撑下打发日子，她被截肢了。当 Gill Hicks 苏醒时，她的“原生活”已经结束了，“新生活”就要开始。

不仅失去双腿，Gill Hicks 的听力在爆炸中也受到严重损害。她回忆两年前被营救时的情形：“我听到营救人员说‘我们就在你身边’，我能听到混沌的声音。但当时我感觉到耳朵在流血，耳鸣、耳痛得厉害。”

当 Gill Hicks 被送进医院，最后得知双腿被截肢时，她的未婚夫 Joe 用两人能够“感觉”到的特殊语言来安慰她。

……

步入现实。

……

感受“怜悯”。

……

生活“变戏法”。

……

（*One in Seven*，总第 60 期，2007 年 8 ~9 月）

杂志的定位和风格各异。很多时装杂志、生活杂志和时尚杂志都喜欢在人物特稿中保留人名、品牌名称的外文名字，译者不必都翻译出来，可对其进行弹性处理。对于名人的历史资料，由于原文的撰写者可能是通过访问获得的，也可能是通过资料搜集或者是从其他媒体中摘选的，所以，译者一般采用两种方法来翻译这些资料：第一，根据原文翻译；第二，编译或者译写，即译者根据杂志的篇幅、性质，把搜集来的原材料加以剪裁、翻译、再撰写。

这类特稿的另一个特点就是专业词汇颇多。译者可以通过查阅相关专业词典、同类文章去理解或推敲有关的文字，有时候要请教专家，了解该词汇的背景和用法，然后进行变通翻译。

4. 以被访问者的第一人称自述手法撰写

这类特稿的被访问者往往是知名人士或者特殊人物，文本内容诉求以情动人。译者在处理翻译上的问题多是修辞性的。

翻译专访、特稿时，常常出现对话，虽然这些专访、特稿并非文学作品，但译者在翻译时必须投入到被访问者的境况中，体验被访问者的感受，力求以叙述者的身份向读者说故事①。

---

① 郑宝璇. 传媒翻译. 香港：香港城市大学出版社，2004. 159

任何时候，只要译者觉得译文上下不连贯，就应该检查选词是否正确，搭配是否合适。

人物专访或者特稿一般都是转载翻译，虽然已付了版面费，但很多时候仍然要考虑到该人物的知名度、读者对他的兴趣以及为切合杂志形象和需要而决定是否完全翻译、编译或译写。同时，很多在原文中提到的原杂志的细节都应从略处理。

（三）专访文本特点和翻译

人物特稿，顾名思义就是通过叙述和描写来突出某个人物。其文本翻译目的即希望通过译文让译语所在地的受众认识和加深对某个人物的了解，出发点是善意的。为了突出有关人物的成就、专业、性格、外表等，译者可以根据该杂志的性质、风格、需要、译语所在地的文化和读者对该人物的熟悉程度，以及该特稿的形式对译文进行弹性处理。但无论是全译、编译还是译写，最重要的一个原则依然是以事实为依据，切忌妄自猜测、哗众取宠，添加一些莫须有的资料以自圆其说。

整体而言，人物特稿和专访翻译的重点或问题集中在以下方面：

（1）文化——人物所属国家的文化，包括人物的行业、家庭背景、学历等。这些文化因素会影响作者的言谈举止，进而影响文本的用语。所以，译者从事这方面的翻译，必须多留意不同国家的文化，以准确诠释人物的言谈风格。

（2）经历——人物特稿和专访都会谈及某个人物的历史或经历。译者在翻译一篇特稿之前应该熟悉或翻阅有关该人物的事迹，这种互文性的联系有助于理解原文，也可以更加流畅地翻译，增强译文的可读性。

（3）专业词汇——不同行业都涉及一定的行业背景资料，译者必须预先搜集资料，以便准确翻译或诠释文本中的专业词汇。

（4）专有名词——正确处理人物特稿和专访所涉及的人名、地名、公司名称。

（5）形容词——描写人物总离不开形容词，这些形容词不能只根据字典的解释平铺直叙，必须先配合译语的习惯加以融会贯通，进行修饰创造，否则就会歪曲原文、缺乏生气。译者进行这样的特稿或专访翻译时，应该借鉴文学作品的翻译手法和技巧。

（6）语用——人物说话的语气对于一个不熟悉西方文化的译者来说，挑战性极大，译者需要注意上下文语义的连贯，留意语用方面的效果。

（7）观点、立场的褒贬取舍——作者的观点和立场往往通过杂志文本反映出来，其中的褒贬可以根据译语杂志的立场而有所改变。译者应该根据杂志定位及其目标读者，进行褒贬的取舍，不必过于保守。

（8）翻译中可以删节的部分——对于政治上有问题的词语、不重要的专有名词，译者可以配合杂志的性质、读者的兴趣予以删除。一些不能突出人物的细节，可根据篇幅限制进行删减。

三、杂志封面报道的翻译

杂志封面是杂志形成视觉冲击力的“拿手剑”，是杂志传媒的比较优势。传媒经济是“注意力经济”，无论是报刊，还是广播、电视，甚至网络，都是依靠高质量的文章、栏目和节目来吸引受众的眼球，提高其发行量或视听率，在这个过程中诸如杂志传媒就实现了直接盈利。同时，传媒要打造良好的品牌，吸引广告商来购买广告版面或广告时段，实现间接销售盈利，即报刊和广播电视以文本、栏目或节目为依托形成良好的品牌，依靠广告版面和时段的间接销售来盈利。报纸、广播、电视主要依靠间接销售盈利，杂志则可以依靠直接销售和间接销售两种渠道盈利。所以，成功的杂志都会在封面报道和封面设计上下大工夫，旨在吸引读者的注意。

我们处在一个“读图”时代，封面报道和图片新闻在杂志传媒中居于核心的地位。各类传媒每天向受众报道和传播海量信息，读者和观众根本没有闲暇来阅读烦琐冗长的文稿。在激烈的传媒竞争中，杂志需扬长避短，充分发挥其深度报道、解释性报道和封面报道的作用。消费类、专业类和组织类等各种杂志（大众杂志）想方设法在封面报道上做文章，把内页版面的深度报道或解释性报道的“文眼”在杂志封面上的工夫做足、做到位。因为“读图”时代的读者需要的是视觉冲击力。

杂志封面是杂志定位和个性特征的象征，杂志封面设计必须反映其定位和个性特征，使读者在高度细分化和激烈竞争的市场中容易识别和注意到杂志。

一般说来，杂志封面设计纲领为①：

（1）使用包括照片在内的具较强冲击力的图像；

（2）醒目的发行人（商）标识；

（3）确保封面文字在2～3米内清晰可辨；

（4）对读者的明白承诺；

（5）为新读者提供赠品；

（6）封面报道和内页内容的链接；

（7）标识所有的承诺；

（8）强调封面的左边版位，其次是上边版位；

（9）尽量提前设计封面和封面报道计划，然后填补特稿文本。

杂志封面报道翻译在整个杂志文本翻译中占有重要的位置，封面文本的文字翻译必须综合考虑封面报道的主题、杂志封面设计、logo以及杂志内页报道，同时照顾读者的阅读习惯等。而且，杂志封面报道的翻译和编辑往往是杂志编辑或者改版的关键。

这里所说的杂志封面报道包括杂志的logo（标志，杂志名称的设计图案，包括nameplate，flag，banner）和封面文字（cover lines，杂志封面上的短标题），这些要素有机结合起来构筑了杂志封面的视觉冲击力和个性特征。杂志封面报道翻译指的是文本翻译，主要是封面文字翻译。但译者或者编辑需要在内页内容与封面图片、logo和封面标题的配合编译上下工夫，同时考虑语言转换过程中杂志定位和栏目定位，有针对性地编译图片和封面文字，而不能简单地直译了事。中国内地很多女演员都成为《时尚芭莎》（*BAZAAR*）的封面人物。如果不看logo和栏目文字说明，仅仅依靠图片是说明不了该杂志的定位和个性特征的，更不会了解本期杂志的主要内容，因为演员们在其他电影和时尚类杂志封面上都可以摆出同样的“pose”。

【翻译练习】

把《远东经济评论》（*Far Eastern Economic Review*）的封面报道《中国经

---

① McKay，J. *The Magazine Handbook*. London & New York：Routledge Taylor & Francis Group，2000. 162－163

济增长：神话还是奇迹?》（*China's True Growth*：*No Myth or Miracle*）编译成《财经》杂志“封面文章”栏目刊用的经济评论（2 000 字）。

图4 《远东经济评论》封面

China's True Growth：No Myth or Miracle

By Jonathan Anderson（Mr. Anderson is the chief Asian economist at UBS）

What if China were, in fact little different from its neighbors?
In short, what if China were boring?

IF YOU WANT to know what the world thinks about China's economy, best keep track of what the typical international corporate executive is reading. For the past year or two he has been reading some very provocative books about the mainland business climate. Four in particular top the current “best-seller” list: *The China Dream* by Joe Studwell (second edition reissue), *Mr. China* by Tim Clissold, *China Inc.* by Ted Fishman and *China Shakes the World* by James Kynge. All four are aimed at the mass market and are very entertaining, but they also have significant things to say about the broad economy: how it works, why it works and what's driving growth.

Anyone deciding to read all four volumes, however, would come away bewildered and confused. Messrs. Studwell and Clissold essentially portray China as a house of sand, presaging the downfall of a bubble economy. Meanwhile, Messrs. Fishman and Kynge show an unprecedented, world-beating dragon, a success story that is changing the world in myriad ways.

How to explain the difference? It helps to remember the timing. The first two books deal with the events of the mid – to late-1990s, when China was reeling from a sharp economic slowdown: profits were collapsing, the government was putting millions of state workers out of jobs, and cynicism was widespread. The other two are focused on recent trends, essentially written at the top of the cycle: enormous growth, a massive export boom and seemingly unstoppable momentum.

There is, however, one overarching theme that comes screaming through in all four books—and indeed, from almost everything we read today: Whether success or failure, boom or bust, China is the story. Completely sui generis in scale and scope, different from everything that came before, the most dramatic event of the century, China "matters" in a way that no other emerging market has.

But what if this turned out not to be true? What if China were, in fact, little different from its neighboring countries, in terms of size, speed and importance? In short, what if China were boring?

This is not a rhetorical question, because from a macroeconomic point of view China's growth dynamic is nowhere close to the unprecedented, world-changing phenomenon that boosters would claim—nor does it look particularly imbalanced or precarious, as the naysayers would have it. In fact, looking back 50 years from now the mainland will probably not be seen as special at all; economic historians will place China as a fairly regular part of a growth chain that began with Japan, filtered down through the Asian tigers and subsequently passed on to the Indian subcontinent.

If this sounds strange, it shouldn't. But then, most of us have probably forgotten what the world felt like a few decades ago when the original Asian growth boom was still in full swing. And many observers, if not most, lack the formal economic background required to dissect the regional growth story and determine what really makes it tick. So before we think about China, or India, we need to step back and revisit the experience of their neighbors.

An Asian Digression

IT'S SAFE TO say that the world had never seen anything even close to the growth statistics coming out of Asia in the second half of the 20th century. Between 1950 and 1980, Japan grew at an average real rate of nearly 8%, more than twice the pace of its industrialized counterparts over the same period. In fact, in inflation-adjusted U. S. dollar terms the economy was doubling every six or seven years, an astounding feat by any standard. And this was just the beginning. A few years later an even faster-growing Asian contingent appeared on the scene: From 1960 – 1995, the Hong Kong economy grew at an annualized real pace of 7. 7%, South Korea grew at 8. 1%, Singapore at 8. 4% and Taiwan at a stunning 8. 6%. In Southeast Asia, "quasi-tigers" like Thailand and Malaysia were not far behind.

These growth rates were not only orders of magnitude higher than in the industrialized world, but also much faster than most other developing economies. By the 1980s, with the world's richer countries in recession and Asia still growing at a near-record pace, the questions began to mount. Had Asia discovered something that the rest of the world had missed? A new way to organize economic activity? In short, was Asia a miracle?

Suddenly, the "Asian growth model" appeared in business-school lecture halls, in academic conferences, and most of all in the popular press, where titles like Japan as Number One and Rising Sun ruled the day. What was the actual model? On this point most observers differed, but there was a general feeling that whatever Asia was doing, it was somehow better than the atomistic, consumer-driven laissez-faire economic culture of the Western democracies. Tight-knit corporations were not beholden to outside shareholders and thus achieved better industrial performance. Traditional Asian values and social cohesion made for a more optimal climate than the competitive "me-first" Western model. The main worry was that Asia was consistently outperforming all of its neighbors, and that even in the long term the rest of the world would not be able to keep up.

There were detractors, of course, and for the most part they skewed to the other extreme. Not only was high growth not a miracle, but Asian countries basically got to where they were by cheating. Companies were force-fed cheap capital by state-led banks. Foreigners were not allowed to compete. Exchange rates were hugely undervalued, providing an unfair cost advantage. Governments were mercantilist, suppressing imports and running large surpluses to fund growth. The result may have been resource misallocation on a massive scale, but it didn't matter as long as U. S. and European consumers were willing to buy up all their products.

It wasn't until the early 1990s that economists got around to looking at these stories using formal economic tools. What they found blew away both views—and also established one of the most famous findings in modern international economics.

They started with the traditional growth model found in almost every college economics textbook. Stripped of extraneous bells and whistles, the basic formulation offers precisely three ways for an economy to expand: Add more labor, invest more capital, or combine labor and capital in new and better ways, which allows for more growth at every level of physical input. This last element is productivity, or using the proper terminology, "total factor productivity" growth.

Thinking about growth in this way provides a surprisingly easy test of the "Asian model". If Asia really did create a miracle, in the sense of a fundamentally new way of doing things, then a large share of the region's 8%—plus real growth rates would be attributed to total factor productivity expansion. If, on the other hand, governments were forcing superheated growth through heavy-handed, distortive policies, then TFP growth would be negative, a sign that Asia was actually destroying value over time.

Economists had been measuring growth in individual countries for a long time, but with 30 years of statistical data behind them, researchers finally had a chance to test the "Asian growth model" hypothesis across the entire region. One of the first, and the most famous, to do a systematic study of the Asian tiger economies was Alwyn Young. In a series of papers in the early 1990s, he reached two very interesting conclusions.

First, the average rate of total factor productivity growth was decidedly... well, average. From a productivity perspective, Asia looked exactly the same as the US or EU, with TFP contributing around 1.5 percentage points to total annual growth. Some countries in the region did worse, and some did better, but the overall conclusion was clear: Asia had not discovered a wonderful new growth formula, nor was it any less productive than the developed West. So much for the Asian "miracle". And so much for Asian "cheating".

But if productivity wasn't the main differentiating factor, what did explain the growth gap between Asia and the rest of the world? This was Mr. Young's second major finding: As it turns out, almost all of Asia's growth outperformance was due to its extremely high rate of capital creation, more than three times faster than in the US or the EU. Simply put, Asia grew faster because it invested more, full stop.

As you can well imagine, this was a highly controversial conclusion. Instead of finding world-beating new ways to produce, it turns out that Asia's main advantage lay inputting large amounts of capital on the ground (and, to be sure, in finding underemployed rural workers to populate the factories). In Paul Krugman's famous phrase, the region's success came from "perspiration, not inspiration".

Now for the most important question: How did Asia manage to generate so much more investment? And so uniformly across countries? After all, the region was a relatively diverse place: large countries, small city-states, some rich, some poor. Japan and Korea depended heavily on state-led banks and repressive financial polices to channel savings into productive investment. Taiwan and Hong Kong had more liberal economic environments. Political arrangements varied enormously. Yet everyone managed to grow at virtually identical rates.

The answer is that Asia invested more because it saved more. In fact, with the possible exception of a common focus on export markets, a high domestic savings rate was the only common element that tied all the fast-growing Asian economies together. Just look at the chart nearby, which shows historical savings and investment ratios for Japan and the Asian "tigers" compared to the United States.

From 1965 – 95, the U. S. gross domestic savings rate averaged 18% of GDP, and the U. S. economy invested 17% of GDP over the same period. In high-growth Asia, meanwhile, the average domestic saving ratio was an astonishing 32%—and as a result Asia was able to generate sustainable investment rates of 31%, nearly twice as high as in the developed West.

The bottom line finding was an extremely powerful one. Institutions, organizational models, specific ways of doing business, none of these mattered very much at the end of the day. What did matter is savings, and the lesson of Asia is that when you have domestic savings rates of 30% of GDP or more, it's awfully hard not to grow at 8%.

And So to China

TURNING TO CHINA, the reason for our long detour should be immediately apparent. Over the past 25 years, the mainland economy recorded an average real growth rate of more than 9.5% per annum, making it the new world record holder among major economies. Does this make China different? Are there unique factors that push the mainland to the head of the pack? Or is this just one more example of an Asian high-growth economy in action?

Most casual observers would respond that China is very different indeed—but the broad bulk of serious research on the mainland economy says they are wrong. Despite China's seemingly world-beating rise and the hype surrounding China's "special circumstances", from a macroeconomic perspective the mainland looks almost exactly like its Asian predecessors.

CHINA OUTDOES ASIA AND U.S.

China invests and saves even more than other Asian nations and U.S., in share of GDP.

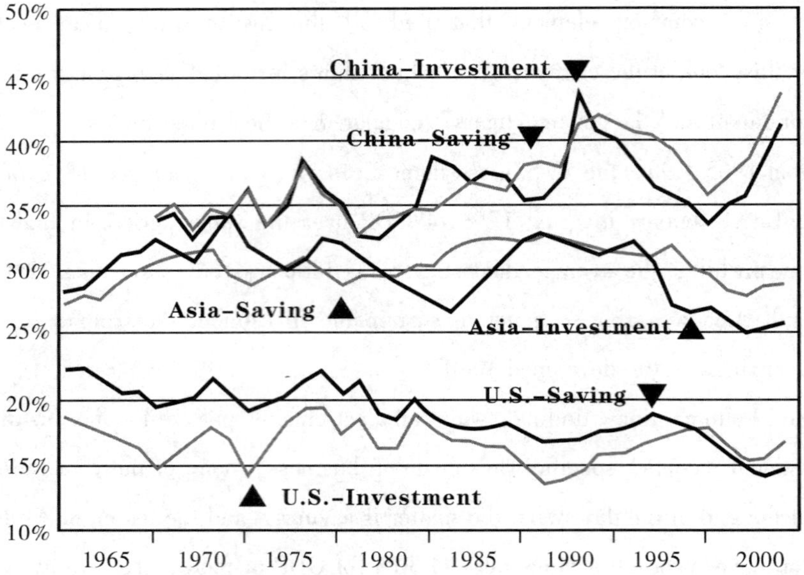

SOURCE:UBS;ASIA=JAPAN AND ASIAN TIGERS

We know this because over the past 20 years analysts have applied the same decomposition tools to Chinese growth as they did to the rest of Asia. Even if we bring those headline numbers down a notch (most economists assume an average growth rate of perhaps 8.5% to 9% over the past few decades), the Chinese growth story is hauntingly familiar to anyone studying the earlier Asian experience: a reasonable but respectable TFP role, another modest share coming from labor force growth, and an overwhelming contribution from capital investment. As it turns out, the only reason mainland growth has exceeded the rest of Asia is because China saves and invests even more than its neighbors, as you can see from the chart.

Meanwhile, many of the "China specifics" that investors invariably cite turn out to be common Asian characteristics as well. An artificially low cost of capital? Nothing could be further from the truth. Low interest rates are a classic economic result of Asia's high gross domestic savings rate of 35% to 40% of GDP, especially when you consider that these funds are invariably funneled through overdeveloped banking systems across the region. Chinese real interest rates may look very low by historical emerging market standards, but not by Asian standards; in fact, average rates in China are no different from the four Asian tigers over the past few decades—and much higher than in Japan during its high-growth phase.

An undervalued yuan? Current account and balance of payments surpluses are yet another natural corollary to high domestic saving rates. Asian countries don't import capital; they export it, and this makes their exchange rates look chronically undervalued even under the best of circumstances. Even China's recent cyclically high current account surpluses are well below the historical peak surpluses in Korea, Taiwan, Hong Kong and Singapore as a share of GDP. And anyone involved with international economics in the 1980s would find today's preoccupation with the level of the yuan eerily similar to the widespread obsession with the yen, the won and the Taiwanese dollar back then.

What about China's planned economy? Surely this is one crucial difference between the mainland and the rest of Asia, as China's socialist, state-led model uniquely forces excessive amounts of capital into unproductive activities?

Not according to the numbers. Nearly every academic study shows that the TFP contribution to overall growth in China has been slightly higher than the Asian average, which means that China actually has a better productivity record than its neighbors. In part, this is a reflection of the rapidly growing private sector; the state accounted for more than two-thirds of the economy 15 years ago, but only one-third today. And in part, it reflects the mainland government's surprising commitment to some core market principles.

Japan and Korea, in particular, have a long history of placing social cohesion above economic rationalization (think of Japanese "zombie" companies in the post-bubble 1990s) —but not China, which when faced with its own sharp downturn in the late 1990s immediately set about shutting down tens of thousands of insolvent firms and making nearly 30 million state workers redundant. Both Japan and Korea also actively discouraged excessive foreign competition throughout their development history—but not China, which last year alone attracted more foreign direct investment than Japan did over the entire last decade.

How can this be, when most Chinese companies are not making much money? The answer is that this is an outright myth—Chinese companies do make money, and a good bit of it, over the typical business cycle. What is true is that China's return on capital is relatively low, but this also turns out to be a fairly mundane problem in high-savings Asian economies. If you look at data on corporate return on equity or return on invested capital across Asia for the past 10 to 20 years, you will find that the best corporate performers are invariably in low-savings countries like India and Indonesia, while Japan and the Asian tigers have markedly lower returns. Why? Because a high pool of savings means low interest rates and capital costs, which in turn pushes up investment rates and drives down returns. When we compare China to the neighbors, its average rate of return is virtually identical to the rest of high-growth Asia.

Size Matters

BUT DOESN'T THIS miss the point completely? After all, the most striking fact about China is not its growth potential, but rather its size; with 1.3 billion people, surely the mainland has a much bigger impact on the global economy than the earlier Asian growth leaders? The answer is that of course China is bigger—but so is the rest of the world. Even when we account for absolute size, we still find that the mainland's dramatic rise has no more of an impact on the developed world than that of its neighbors a few decades ago.

Here are the numbers: From only 4% of global output in 2000, China should account for 11% of world GDP by 2025. Impressive, certainly, but compare this path with Asia's historical performance: In 1965, Japan, the Asian tigers and Asean collectively accounted for exactly 4% of global GDP; 20 years later, in 1985, the share had increased to 13%, and more than 16% by 1990.

On the trade front as well, China's forecasted rise to 12% by 2025 from 4% of global trade looks little different from the historical performance of its Asian neighbors, which increased their share to 15% by 1990 from 6% in 1960.

How about competitiveness? Is China moving up the value-added chain faster than the rest of Asia? It took Korea and Taiwan 10 years to take over global market share in light manufacturing, another 10 years to develop its electronics industry, and a third decade to switch out of low-end exports into capital-intensive industries. Where does China fit in? Right on schedule. The mainland spent 10 years from 1990 until 2000 taking over low-end markets, and for the last five years has been rapidly gaining market share in electronics.

The bottom line is that China's growth trend is impressive, but by no means unprecedented. Quite the opposite: Whether we look at GDP, trade or industrialization, the mainland has been treading a path laid out earlier by other Asian economies—and is, at best, simply matching the dynamism of Japan and the Asian tiger economies. Obviously the world faces challenges from a rising China, but it has faced these before.

India, the "Stealth" Tiger

AND IT DOESN'T end with China. If the mainland economy is simply the latest in a long chain of Asian success stories, then it makes sense to assume that more are on the way. In terms of the broad macroeconomic factors above, it's hard to avoid the conclusion that India will soon be joining the fray.

This may sound incredibly optimistic to anyone who's ever been to India, where the economy is, if anything, seen as the "anti-China": highly politicized, fraught with a dysfunctional bureaucracy, overly regulated in every area and fragmented in the extreme. The physical infrastructure is in sorry shape. Economic indicators don't seem very promising: The budget is in large and chronic deficit, the balance of payments is prone to fragility, and capital costs are significantly higher than in East Asia. In this light, the recent IT services boom looks like a small oasis in a sea of troubles. India has never been able to generate any dynamism in the manufacturing sector, and receives less than one-tenth of the m inflows that China does.

But keep your eyes on the macroeconomic fundamentals. As we saw above, what really matters is savings, savings and more savings. How does India fare? Twenty years ago, the gross domestic savings rate was well under 20% of GDP, more a Latin American-style laggard than an Asian tiger, and as a result Indian real GDP growth was idling at around 4.5% per annum. However, as the chart nearby shows, over the past decade India's savings ratio has risen to nearly 30% of GDP, and the trend is still strongly upward. Suddenly the economy is generating 7% real growth or higher—and no longer looks that much different from its East Asian counterparts.

Where will the savings go? Eventually, into export manufacturing. Unlike China, India still has a rapidly growing population, and again unlike China, India has had a difficult time raising agricultural yields and productivity—it does not have anything remotely close to China's equitable land distribution. This makes it imperative to achieve rapid employment growth outside the rural economy, and despite the celebrated success of the Indian services sector, services are simply not capable of generating hundreds of millions of new jobs. Looking at the Chinese and Asian experience, labor-intensive export manufacturing has always been a key destination for savings and the strong initial driver of new income growth.

This hardly seems like a reasonable expectation for India. But remember that when China was starting out in the late 1980s, it looked far worse than India does today. The state accounted for most employment in the nonagricultural economy, and labor restrictions were very onerous. There were very few truly private firms, and private capital had no legal protections whatsoever. Inflows of FDI were a paltry $2 billion per year, much less than in India currently. On paper, the economy was almost completely closed, and the authorities had only a tenuous interest in market-led reforms.

INDIA PLAYS CATCH UP

India's savings rate is on the up while exports take on a greater importance.

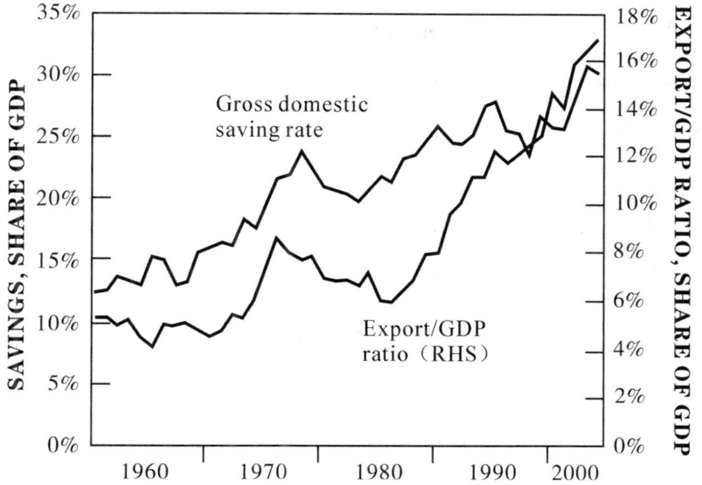

Moreover, when China's export economy began to develop, it was not led by central policy decisions, nor was it due to the formal easing of economic controls or restrictions. And it didn't happen nationwide; instead, it happened in one province, Guangdong. In order to take advantage of cheaper labor, Hong Kong manufacturers gradually began opening factories over the border. Because of the labor-intensive nature of the industries, the initial dollar amounts of investment were relatively small.

It wasn't until a half-decade later, when other provinces started to replicate Guangdong's successes, that the central government took notice and undertook a fundamental liberalization of the economy, allowing greater leeway export manufacturing on a nationwide basis.

And the most interesting thing in this regard is that from the chart on the previous page, India now looks almost exactly like China did in the early 1990s, with an export-to-GDP ratio of around 15%—and increasing rapidly. The lessons for India are simple: China isn't a dysfunctional outlier. High Indian savings rates are already in place. And it doesn't necessarily take a revolution to get the export story going, sometimes all it takes is a little push.

We even have a likely candidate for that push, as rising mainland unskilled wages are already starting to put pressure on low-end export industries. And as China's costs go up, India could start to look attractive indeed. So keep an eye on the Indian export sector over the next five years—this just might be the catalyst that finally launches the country's career as a tiger.

第四章

电视新闻翻译

电视新闻翻译与报纸新闻和杂志新闻的翻译相比，所受到的影响因素更多，不仅要受到语言、文化等因素的影响，而且还要受到声音、画面和播报时间等因素的制约，因此电视新闻翻译也更复杂，翻译策略主要以编译为主。在此基础上，本章着重提出电视编译的依据和原则，并对几则电视新闻的编译案例进行分析。本章认为，国际新闻在翻译的过程中必须结合本地受众的需求进行修改和润色，电视新闻编译要遵循忠实、自然、简洁、准确、适当改动五个原则。

一、电视文本的特点

作为一种现代媒体形式，电视是按照“产品—文本—观众”的循环流程来运作的。电视依托技术进行单向传播或者是一对多的传播，即电视节目面向的是大众，而非特定的个人。与其他媒体一样，电视节目也可以大量复制，无数的观众可以同时收看同一档电视节目。

任何关于电视产品或文本特色的讨论都应该将电视的所有者考虑在内，即电视的所有者或控制者与电视节目本身的关系是决定电视文本的特定因素之一。目前，世界各国的媒体所有权都呈现出集中化的趋势，如鲁伯特·默多克（Rupert Murdoch）的新闻集团不但坐拥英国的主流大报《泰晤士报》（*The Times*）和发行量庞大的《太阳报》（*The Sun*），他旗下还有 BSkyB 卫星电视台，并掌控着美国和其他国家的多家媒体。这种情况使得本来应该丰富多彩的文化产品出现了单一化和程式化的趋势。我们一天当中所读的报纸、书本和所看的电视、电影等有可能全部出自同一家传媒集团。

电视“文本”是指电视输出的内容，如电视剧、新闻、广告、纪录片等。观众实际上收看和消费的是电视文本。打开电视，消费者便成为一名观众，也就有了对文本的消费。然而，观众和电视的关系是一个很复杂的概念。20 世纪 50 年代，电视研究者们认为电视的传播效果是强大的，即强传播效果模式，也即电视对人们的生活产生着简单而直接的影响，观众对电视文本意义的接受是被动的。到了 20 世纪 60 年代，使用和满足模式取而代之。这个模式认为，观众自己决定观看什么节目，对文本及其意义如何使用以满足自己的某种需求，并非由媒体单方面决定。发端于英国传媒界和文化界的新的观众研究模式否定了上述两种模式。研究者考察分析了特定观众与电视之间的关系，既考虑到了观众对于电视意义与使用的权衡能力，也考虑到了电视媒体的影响力。电视观众不是被动接受电视信息的彼此毫无差别的“乌合之众”。相反，观众是主动阅读和解释电视文本的社会群体，他们在年龄、性别、民族和社会地位等方面各不相同。

（一）电视的文本环境

电视台的节目表规定着观众什么时候看什么电视节目。英国的电视台一般是按照纵向和横向的方式来编排节目的。按照相对单一、独立的电视节目单位进行的安排就是一定程度的纵向安排。1958 年，理论家雷蒙德·威廉姆斯（Raymond Williams）倡议将晚间播放的节目列成一张清单，即纵向的节目安排。BBC 几天的节目安排中，连续剧、新闻和戏剧节目在威廉姆斯所谓的纵向“时间流”中都有特定的播出时间，情景喜剧常安排在黄金时间，低成本的搞笑短剧则在午夜之后插播。

电视节目在数字电视、有线电视和网络电视之间实施横向化编排。专门的电视频道如派拉蒙喜剧频道（Paramount Comedy）、音乐频道（MTV）、特拉波儿童频道（Trouble Channel）、旅游频道（Travel）和饮食频道（Food and Drink）都是在纵向时间流之外进行节目安排的。“流”的概念在分析电视文本和观众时仍然十分有用。数字电视的节目表罗列着多套有线电视的收视指南，既有纵向的也有横向的，甚至还有按类别进行的节目安排。电视节目的安排和收视方式也是电视“语法”的组成部分。

（二）电视——故事讲述者

作为故事讲述者的电视媒介与古老的口头传播模式有着相似之处。[①] 讲故事者的角色不是编造新故事，而是向观众解读和传播故事。讲故事使用的语言是口语而不是书面语[②]，所以讲故事者是向社会民众诠释文化的“声音”。

故事讲述者从主流价值观出发，解释各种事件和观念。电视解释外部世界，促进社会群体在“什么是真实的”和“什么是重要的”等问题上达成共识，如晚间电视新闻通常只有半个小时，却向观众播报一整天发生的“事件”。所以，新闻节目只挑选那些新近发生的、引人注目的或者具有新闻价值的事情。新闻的播报也要符合广泛的社会共识，比如，某首相参与大选被人扔鸡蛋，播放这条新闻可不能让观众产生这样的想法：“这首相活该!”因为这样的想法很具政治倾向性，而只有一部分的观众有该倾向性。所以，此事要客

---

① Marshall，J. & Werndly，A. *The Language of Television*. London & New York：Routledge，2002. 9

② 如无特别说明，本书所译出的“口语”（译自“spoken language”）和“书面语”（译自“written language”）仅仅是为了区分语言的这两种呈现形式，并不涉及语言的语体特点等问题。——译者注，下同

观地报道，即不让观众产生任何倾向性想法。

用于阐释文化事件和观念的电视“语言”通常包括言语和画面。从某种意义上说，这与古时的游吟诗人用歌咏和故事解释文化和历史是相似的。电视让观众了解自己的文化，同时了解别国的或外部的文化。我们生活的21世纪与历史上的部族社会大不相同，所以，电视是一个纽带，将彼此分隔的人们联系了起来，让人们产生文化归属感。

（三）电视文本的意义

对电视语言的理解通常要结合图画，电视文本的意义取决于各种视觉能指和非语言类声音（如音乐）与语言之间的协调配合。同时，电视语言多是口语，如电视剧里的对话、传递信息的播报或节目里的“聊天”等。

通常情况下，人们很少使用单个的符号。多个符号按某种特定的方式组织在一起，才能表达一定的意义。制定一条信息的过程包括符号的选择和编排。编码者从一组符号即范例中选出一些符号，然后组合成语段。

电视是一种由活动的画面组成，通常伴有语言的媒体。电视上的画面，不论是用照相机还是用录像机拍下来的，都是由一系列活动的符号性能指组成的。电视文本的构建过程包括从范例中挑选画面以及按照规则和习惯将这些画面编排在一起。

活动画面的编排也有一套语法规则，这和语言语法的运作方式是类似的。例如，相机的拍摄角度就是一种能指。

近景特写的手法通常用于电视剧场景的拍摄，这样能将人物之间的关系交代清楚，也能把我们的注意力吸引到角色的情感和情绪上来。反过来，远景拍摄多用于动作片，更能突出场面的壮观和视觉的效果。从视线之下往上拍的镜头，强调的是人物的权威地位，因为这样的视角让我们产生仰视的感觉。

布景、人物和灯光也是重要的符号。例如，英国电视剧《2.4个小孩儿》（*2.4 Children*）是一部关于家庭生活的情景剧。其中所选符号来自一个四口之家：父亲、母亲还有两个处于青春期的孩子。这些符号包括郊区半独立式房屋之类的布景和一家人一起吃饭的场景。这些都是从“家庭生活”的范例中挑选出来的符号，用以组成一个语段，即某种程度上理想化了的、传统的“家庭生活”。而另一部英国家庭情景剧《一级棒》（*Absolutely Fabulous*）所选出的符号就不一样。其中描述的家庭由一位上班的单身母亲、处于青春期的女儿、女儿的祖母还有经常来串门的一位女性好友。该剧的布景是伦敦繁华地带的一套高档住宅，剧中很少出现传统家庭里一起吃饭的情景。这些选出的符号组成了一个完全不同的文本，也使得《一级棒》成了“家庭生活”的非传统注解。

影像叙事中，画面组合成场景，场景进而组合成叙事。叙事是故事的组织方式，是纪实或非纪实类题材都有的特色。故事叙述采用何种主导策略取决于观众辨识故事的时空发展线索时所遵循的规则或习惯。观众最熟悉的叙述模式就是“开端—发展—结局”的结构，即从一个既定情境出发、历经波折，然后到达另一个既定情境的过程。观众在很多的题材中都能看到这样的结构，如浪漫小说中的女主人公对男主角一见钟情，但只有经过了一系列的问题和误会之后，他们才最终喜结良缘；智力竞赛类的电视节目开始时，主持人向观众介绍参赛选手，接着是激动人心的比赛场面，通常是一方输钱另一方赢钱的场景，最后主持人宣布胜利者，节目便结束了；推理剧也常常采用这样的结构，开始时，人们平静的日常生活秩序被打破，发生了抢劫或谋杀之类的暴力事件，接下来，故事的叙述放在了侦探们的侦查行动上，最后，侦探亲手抓住罪犯或推断出罪犯的身份，也就给推理故事画上了一个句号。

电视文本的意义取决于语言——主要是口头语言和影像符号的结合使用。如果脱离了具有表意功能的情境，我们就无法分析电视语言的含义。例如，某电视剧中的一个人物说“我这儿感觉不舒服”，这句话的具体含义就有赖于影像符号了。

《同志亦凡人》[①]（*Queer as Folk*）中的几句台词脚本：“文斯：珍妮丝，这个好办。你到楼上去，收拾下他的行李，把他扔进车里，带回家去！究竟谁说了算，你还是他?!”

此句中的视觉符号不仅表现出它是如何决定着人物对话的意义，同时也展示了人物对话是如何与镜头说明相配合的。如果没有那些视觉符号的辅助，我们就不能很好地理解材料中对话的意义。这些对话发生时所处的情境确实是至

① 英国的一部同性恋题材电视剧。

关重要的。

要理解这段话的意思，我们必须知道说话者（文斯）脸上的表情是否凝重，他有没有笑，或者他站的位置距珍妮丝远不远（他有没有伸出一个手臂揽着她）等。在材料中，台词脚本告诉了我们当时的情形：

文斯从中间走过去，情绪不好，异乎寻常地粗鲁（由于他正在取出刚刚买的东西，没有意识到珍妮丝的不安）。

（四）电视风格元素和意义

电视媒体具有多样的风格，而风格取决于文本，即节目，因为节目很容易划分到特点鲜明的不同类别中。

电视不但是一种居家媒体，而且是一种商业化媒体。电视已经成了人们日常生活的组成部分，而观众就是电视的市场，文本就是电视出售给观众的产品。电视频道之间、电视公司之间都在争夺观众，因为只有高收视率才能获得广告客户、赞助商的投资或者政府拨给的收视许可证费用。

于是，风格多样的文本在电视的竞争和运作中就显得尤为重要了。各种风格的节目都有观众所熟悉的既定类属和结构，因而制片方能很快地进行策划、制作和播送，以满足观众对电视节目的巨大需求。同时，电视节目的风格对于吸引目标观众也十分重要，为观众选择自己喜爱的节目提供了重要的依据。

另外一方面，广告商投放广告前会在不同电视节目之间仔细挑选，其目的是找出最符合其产品诉求的那类节目的潜在受众。于是，广告商和节目制作者所期待的收看并参与某类节目的观众便达成了一致。

节目风格对有线电视或数字电视节目的制作和收看都有塑造作用。有些频道以播放一系列类似的节目而形成自己的风格，其中有些是不折不扣的“单一风格频道”，有些是全天24小时的喜剧频道、新闻或体育频道等。而同一风格元素的反复出现，说明了观众能从对节目的期待或预测中获得愉悦享受，因为他们已经熟知了这些节目的套路，在挑选节目时就已经知道可能会看到的内容。然而，这并非是说观众从电视文本中获得的意义已经由节目风格预先决定，也不是说一套电视文本只包含着一种“真正的”意义。

观众在看节目时意义是如何产生的？要深入了解这个问题，我们需要对电视文本和观众进行更深层次的分析。

二、电视文本的结构与规则

（一）叙事

电视文本叙事是根据一定的规则和惯例组织起来的，让观众认识到它在时间和空间上的演化发展。最常见的叙事结构是由平衡到不平衡，由不平衡再到一个新的平衡。换言之，原本的一种状态被破坏，产生了戏剧或幽默效果，接着是导致“破坏”的问题或困难得到了解决，结尾时一种新的平衡建立了起来。

传统的叙事结构都是线性的，即按照时间顺序安排一系列的事件。节目的制作者需要做的是决定叙事在何处开始、在何处终结、哪些叙事素材需要保留而哪些需要删除。线性叙事通常以一个中心人物——我们能产生认同感的主人公的行动为主线。为了让观众对主人公产生认同感，还可以从该人物的角度来组织叙事。

电视连续剧的叙事并非是线性地组织起来的。连续剧通常有多条故事脉络同时发展，而由于其无止境的特点，电视剧是没有结局的，取而代之的是对某些问题暂时性的解决或者某些故事脉络的终结。例如，《伦敦东区》中患有艾滋病的马克·佛乐吃了一种新药，病情得到了控制，这就是问题得到暂时解决的例子，因为我们知道马克的艾滋病并没有“治愈”，他的病情终有一天会复发。正因为连续剧有着多条故事脉络，所以它没有一个参与所有行动、推动故事发展或代表一种中心观念的主人公。相反，由于叙事过程中对形形色色的人物生活进行了描述，我们有了多种选择，可以同情某角色、反对某角色或者认同某角色，等等。

（二）布景和情境

布景是电视文本的一个重要元素。警匪片往往以街道为背景，游戏节目依赖五光十色、灯光闪烁的演播室，新闻节目则以主持人及其面前的桌子为背景。电视文本同样也有赖于一些重复出现的情境。例如，电视剧中的人物在回忆过去；智力竞赛节目中，选手必须答对所有题目、不犯任何错误才能拿到大奖；新闻节目里，主持人必须解读新闻并加以总结，或者转接给在“新闻现场”报道的记者，或者在演播室里对嘉宾进行现场访谈。

（三）主题思想

所有风格的电视文本都有前后一致的主导思想。医务剧的主题就是医生等医务人员对危机的解除，以这个为主题出发的类似“救急服务”剧很多。在这类节目中，医生、护士、医辅乃至消防人员需要通力合作来化解危机，而需要解决的不仅仅是进行急诊治疗或把大楼的火灭掉的问题，还有如何协调救援人员的问题。近些年来，这类节目的受欢迎度已经不亚于警察剧，这说明了救急工作者现在在观众心目中的重要性。观众盼望和为之欣喜的就是节目中的危机解除，即不管是大楼着火还是有人重伤，都能得到圆满解决。这也是该风格类节目给观众所带来的愉悦所在。

（四）人物形象

常备人物形象也很关键，如侦探剧里的神探和他的助手，游戏节目里将选手引入现场、捧出奖品的礼仪小姐。故事中的人物有着特定的作用。侦探剧的叙述总是围绕着一个男性主角——侦探来进行。而现在电视剧更多地关注侦探的男性助手，如《侦探摩斯》① 里刘易斯警官角色的部分作用是将侦探的活动展示给观众，因为我们看不到侦探们所看到的东西，只能眼巴巴地等待他断案之后的解释。以前，侦探故事里的女性人物都是不太重要的边缘角色，但自从有了美国的《警花卡格妮和莱西》②（讲述两位女警探的故事）和《犯罪嫌疑人》（讲的是一位女探长带领破案小组断案的故事）之后，越来越多的女侦探形象涌现了出来。

人物对于戏剧至关重要，而对于新闻故事、动物纪录片或纪录片连载来说，引领叙事主线的人物也是很重要的，如政客、南非猫鼬、空中小姐乃至《大哥大》里面的流氓“可恶的尼克”等。

（五）电视与口语

电视是一种以话语为组织中心的媒体，同时伴有说话者的姿势、外形和举止等影像符号。电视环境里使用的语言基本上都是口语。除了为听力不便人士

---

① 译自英文原名 *Inspector Morse*。

② 两部描述女侦探的连续剧原名分别是 *Cagney and Lacey* 和 *Prime Suspect*。

准备的字幕，书面语在电视中极少出现。即便是字幕，也符合非正式、暂时性的口语交际形式，是一种书面呈现的话语，而不属于书面语。

电视文本中的“说话”主要有两种形式：呈现式谈话（represented talk）——单幕剧、连续剧或情景剧等戏剧类节目中的对话、独白和画外音；现场谈话（live talk）——带稿或即兴的谈话，如新闻、纪录片、电视“杂志”以及其他纪实类节目。

1. 电视的说话方式

现场类节目的特色是一个或多个人在屏幕上直接对着镜头讲话，即对着观众讲话，这样的说话方式能引起观众的注意。例如，晚间新闻栏目的播音员一般用直呼（direct address）的口吻带稿播报。这类节目的摄像机一般是近景或中景拍摄，镜头很少移动，也不切换镜头，除非是要转换到另一个播音员时才切换。新闻播音员的肢体语言或非语言类交流都不能有损其真诚和权威的形象。播音员的手臂动作是严格控制的，眼光在节目播出时需要一直对准镜头，他们认为这样才能给观众以真诚的印象。

情景变化（situational variation）也会决定电视里说话的方式。非戏剧类的节目会根据情境的不同，采用不同的说话方式。例如，电视杂志或脱口秀类节目的主持人会使用很亲昵的第一人称“我”，而称呼观众为“你们”，好像他们已经是观众的老朋友似的：“我不认识你们，但是我和你们一样迫不及待地想知道今年‘全英音乐最佳新人奖’的得主是谁”。

2. 对话

直播节目中的互动谈话即为节目主持人和其他节目参加者之间的对话。这是一种公开的、为电视机前的观众设计的对话。

和所有的对话形式一样，电视对话也有一套规则指导参与者的表现，参与者还应该遵守自己说话的规则，清楚什么能说、什么不能说。这些规则与人们私下的对话所遵循的规则是不一样的。例如，时事节目主持人在采访政府官员时，他就应该知道自己能提些什么问题而不至于冒犯对方，就算是有所冒犯，也只是对事不对人。否则，如果主持人打破了媒体和政府之间的不成文约定，被访的政府代表肯定会不满。

注意下面访谈节目的对话规则、引导和目的，以及对话中各参与者在控制、商讨和竞争等方面的不同角色地位，以及参与各方的共同之处。

例子：时事访谈

在一档晚间新闻节目中，主持人（以下简称“主持”）通过视频连线采访了全国农民组织①的主席（以下简称“农主”），并在演播室现场采访了一个动物福利组织②的政治司长（以下简称“政司”）。

演播室现场座位安排如下：主持人坐在一张桌子后面，她的左边是一位现场嘉宾，右手边是用来视频连线另一位嘉宾的屏幕。主持人面向镜头时即面向观众，她转向左边或右边时则让相应的嘉宾进入对话。三位参与者都身着正式的西装。

主持人控制着“对话”的开始、进展和结束。她首先对观众朋友表示谢意，强调本期节目关系到大家的利益。接着，她介绍了两位嘉宾的头衔，从而表明他们在此次访谈中各自的立场。

主持：参加本期节目的有“农主”（说明他的职务）和“政司”（说明他的职务）。

在节目中，主持人始终决定着嘉宾何时加入对话。在介绍完两位嘉宾之后，她让“农主”讲话：

主持：首先，主席先生，我们已经从新闻（提及此前的一条新闻）中得知，现在有数百个农场在接受调查。

媒体主持人和节目嘉宾在公共谈话的氛围中已经建立了共同之处：都是节目的参与者。主持人在全国爆发牲畜疾病的语境中继续深化双方的共同点。主持人接下来用“或许”一词引出的话语与前文的“我们已经……得知”相照

① “全国农民组织”译自英文原名 National Organization for Farmers。——译者注，下同

② “动物福利组织”译自英文原名 Animal Welfare Organization。

应，她的“或许”其实是间接地向嘉宾提出了一个问题，需要他作出回答。她的假设也暗示了嘉宾接下来发言中可能讲到的观点：

主持：这或许意味着在接下来的两三天里，德文郡①的农民将面临不少麻烦，而你那里可能也将发现新的疫情。

农主：没错。西南地区已经坠入口蹄疫的深渊。据我们所知，其他许多农场也在接受调查，农业部还将发现新增的口蹄疫病例。这场噩梦最可怕的情况是，疫情会蔓延到达特穆尔②。

农主的回应词“没错”表明他已经将主持人的讲话当成了问题，他的回答则提供了进一步的信息，也证实了主持人的猜想.

农主的回答简要描述了主持人想问的关于疫情的现状，使用了“深渊”和“噩梦”的比喻。这样的措辞也表达了他自身或者他所代表的农民组织对这一事件的态度和感受。事实上，我们在谈话当中也会采用这样的方式来达到某种效果。对当下的情况，农主不但作了事实性的说明，还有情感性的表态，希望他的组织成员能明白事态的严重性。

对于时间和话题的限定决定了访谈的总体框架，而最终决定这种限定的是以主持人为代表的三位参与者的议程（agenda），即预定的目标。主持人给了农主空间，让他可以对着观众说话，尤其是作为农民顾问对着他管区内的农民们说话：

主持：对于农民朋友们平时生活中的一些具体的担忧，你能否给一些指导和建议？

农主：我们最常遇到的咨询是关于如何识别羊感染口蹄疫症状的。因为大家都知道牛感染口蹄疫的典型症状，但是羊感染的口蹄疫就不是那么常见了。我们现在呼吁养羊农户也要保持高度的警惕。

---

① 译自英文地名 Devon，是英国西南的一个郡。

② 译自英文地名 Dartmoor，是英国德文郡中部地区。

主持人提出上述问题的原因在于，在当时疫情爆发的情况下，她所代表的英国广播公司作为一种公众服务机构有获知信息和调查情况的义务，这与她的目标是一致的。主持人提出“平时生活”、“具体的担忧”这样的细节，又使得节目更具亲和力。

主持人控制对话的最基本方式就是让节目嘉宾轮流说话，问他们一些不得回避的问题。比如，她想探讨此次口蹄疫的爆发是否与当前人们的农牧行为有一定的关系，于是她向农主说道：

主持：但是，目前农畜的贩运规模扩大了许多，考虑到贩运量，（我们可以推断）要遏制疫情的扩散似乎很难办到。

农主坚持自己的立场，反驳主持人的这一观点：

农主：我们回顾一下 1967 年（历史上最近一次口蹄疫的大爆发）的情形，当时的牛羊也是贩运到全国各地……

为了继续深究自己提出的话题，主持人此这时打断了农主：

主持：但是，现在时代不同了。

然后，主持人转向左边，请政务司长加入访谈，她知道他会有不同的观点：

主持：我们现在请政司给我们讲讲，1967 年的牲畜贩运与当前 2001 年的现状应该不可同日而语吧？

政司：确实如此。过去的十来年农畜贩运规模大幅增长。今后，我们如果想遏制牲畜流行病的扩散，就必须停止这样的长途贩运屠宰。

主持人希望转换谈话焦点或者打断某位受访者时，她就会直接插话，但前提是她仍然遵守着对话的“礼貌原则”。然而，这几位谈话者在这里遵守的原则与进行私人交谈时的原则有所不同，因为他们在电视上表现的是自己“职业”的一面，这时对交谈的政治性和新闻性要求自然要高于社会性要求。此外，对话中没有寒暄语，职业化的感觉就更强烈了。如对天气的谈论或称赞对方的寒暄语，在我们日常的谈话中是很正常的，这有助于建立和维持良好的人际关系。但在这里，则会有损各位对话者的“正式”身份，使对话偏离正式的议程。同样地，说话者的姿势、身体向对方前倾、面部表情等副语言成分也是严格限制的。

这也是节目主持人保持节目连贯的一种方式。对话的连贯性是主持人议程上的重点，因为观众希望看到流畅的节目，而访谈时断时续也不符合主持人的利益。

访谈节目主持人的一项重要任务就是用一种“均衡”的方式对事件进行探究，平等地对待在这一事件上立场对立的双方。主持人的责任，与其说是就这个话题加入对话，不如说是对整个谈话进行监管，确保双方投入到论辩中，从而提供两个不同角度的对口蹄疫爆发事件的解读和分析，以供观众参考。当然，这里所说的“均衡”并没有涵盖所有与该事件有关的看法或经历。

两位嘉宾的目标都是要陈述各自所在组织的观点，在需要的时候为之辩护，与持不同观点者进行辩论。主持人避免了与两位嘉宾直接的语言交锋，因为她还有作为双方发言的中介的角色。这样一来，他们更多的是对看不见的观众说话，而不是面对对方发言。为此，例子当中的政务司长才再三地重复终止牲畜贩运屠杀的观点。常常和媒体打交道的交际能手都会不断重复一些“精简警句”（sound bite）。

综合考虑时间和“均衡”方面的要求之后，到了某一时刻，主持人会很郑重地向嘉宾致以谢意，转而面向镜头（观众），很自然地结束节目。

3. 电视中的口语变体

英国所有电视节目的开头都使用标准英语，即所有以英语为第一语言的人都能够听得懂。然而，人们常常将风格的正式与否和使用语言的准确与否混为一谈。例如，非正式语体由于经常带有地方口音或方言，就被认为是“差”的英语或者叫“俚语”，而正式风格的语言则近似于教师教学的口音。口音指的是我们拼读单词的方式。来自不同地方的人对同样的单词有不同的拼读方式，也就有了地方口音的说法。例如，一个伦敦人和一个利物浦人的口音就可能有所不同。但是，有一种口音并不专属于某一个地区，这就是公认口音（Received Pronunciation，RP）。从传统意义上说，公认口音意味着社会地位和权威。

英国的《周六早晨：电视现场》[①] 节目的主持人安特和德科[②]来自纽卡斯尔[③]，而凯特来自伦敦。德科和凯特都能播报同一份稿子，不过由于两人来自不同的地区，他们在很多单词上的发音不一样。方言则是另一回事，指的是一个群体内的人惯用的词汇和遵守的语法规则。所以，我们可以比较一下德科说的“快把俺的帽子还给俺，那是俺娘给我的”（Haway man give us me hat，me mam gave us it.）和凯特说的“快把我的帽子还给我，那是我妈妈给我的”（Come on guys give me my hat back，my mum gave it me.），这就是不同方言之间的区别。

方言与标准英语之间有很大区别。人们认为各地方言都是从标准英语演变而来的。然而，语言学家对英语历史和英语现今变体的研究表明，所有的方言在其语法和词汇的复杂性、丰富性和表意性方面是一样的，也就是说，从语言学的角度讲，并没有什么“低级的”或“差的”方言。

准确性对任何电视语言来说都是一个重要的概念，因为自媒体诞生之日起，“准确的语言”就饱受争议。电视新闻语言就是最好的例子。20 世纪 20 年代开始有了广播，当时控制这一新媒体的集团就决定，新闻播音员不能使用具有地方特色的方言，如纽卡斯尔人的乔迪（Geordie）方言和利物浦人的司考斯（Scouse）方言。非地方方言，即标准英语，用 RP 口音讲出来，也就是我们收听 BBC 的节目时听到的英语，所以这样的英语被称为“BBC 英语”——这一称号贯穿了广播和电视的整个发展历程。我们在电视上也能够听到其他英语变体，但是为了显示权威性和公正性，英国新闻节目中使用的都

---

① 译自英文原名 SM：TV Live。——译者注，下同

② 这里涉及的三位主持人的英文原名分别是 Ant（为 Anthony 简写）、Dec（为 Declan 简写）和 Cat。

③ 译自英文原名 Newcastle，英国的东北部城市名，为英格兰主要城市之一。

是标准英语和略作调整的 RP 口音。

由于 RP 口音和标准英语是权威和权力语言的代表，这样的英语最常见于新闻播音、时事类节目和纪录片的画外音。另一方面，地方口音和方言多用在不那么“严肃”的节目文本中。不过，现在的一些严肃类节目也有使用地方口音的趋势。例如，黄金时段新闻节目也有用威尔士口音或苏格兰口音播报的。在地方节目中，使用当地口音的例子就更多了，如地方新闻综合播报，使用当地口音能体现当地“特色”。在另外一些电视节目中，我们也能听到各种口音的使用，不过很少有使用不标准发音的情况。

口音和使用的方言有各种社会和地区的变体，同时，我们的话语方式也会受我们所属社会群体的影响。例如，如果我们是少数民族的一员，或者属于某些“亚文化群体”，如学生群体、某种音乐迷群体或痴迷于某种打扮方式的群体，所说的英语就会不一样。

4. 呈现式话语

呈现式话语是电视语言的一种主要形式，它是一种由演员按照稿子念出来的话语，主要用于戏剧中，也会用于纪录片性质的戏剧节目中以说明事实。例如，BBC 的侦查类连续剧《绳之以法》① 就包含了大量的关于事实的戏剧化解说，都是由演员而非真实身份的人说出来的，这就形成了实际事件的另一种版本。

诚然，呈现式话语在歌曲和话剧中的使用比电视要早几千年。呈现式话语也是散文故事的一大特点，在这类文学作品中，作者会用引号将一部分话语引起，表示这部分话语来自于故事中的人物，而不是故事讲述者。在各种社会方言中都运用过这样的呈现式话语形式。

呈现式话语从来不是现实对话的如实反映。包含呈现式话语的节目，如连续剧或戏剧，里面的对话都很连贯而且有意义，而现实世界中的对话却并不总是连贯而有意义的。连续剧中，两个人物之间再怎么通俗的对话都有其叙事的目的——为了营造氛围或者为了预示接下来的情节、为了刻画人物形象。简而言之，电视文本里的人物对话是说给观众听的，而不是像现实对话那样说给对方听的。

---

① 译自英文原名 *Crimewatch*。——译者注

三、电视文本解读

电视文本解读与翻译自然是语篇分析行为的一种。“语篇”这一概念在语言学和媒体学中的使用不尽相同。法国历史学家、哲学家米歇尔·福柯（Michel Foucault，1926—1984）关于语篇的定义完全可以运用在电视研究的过程中。福柯对语篇的定义解释了电视文本中使用的语言跟文本之外的世界是如何联系在一起的。简单地说，语篇可以看做是描述世界的方式，即使用语言来认知世界的方式。这意味着，语篇也会建立思考和行动的方式。我们还会发现，思考和行动方式与社会行为和机构是相关的。

（一）电视文本的多义性

电视节目有多义性的特点，即一个电视文本可能包含多种含义。例如，英国电视剧《伦敦东区》中，15岁的中学生索妮娅与马丁·佛乐一夜情之后怀上了孩子，于是“少女怀孕”的话题引起了人们的关注。情节文本的第一层意义是：索妮娅的男友贾米尔暴跳如雷地骂她是“贱人”。这里，“贱人”的称谓包含了对女性的贬抑，同时也暗示了青少年女子的性行为应该得到控制。这种对观众而言司空见惯的歧视性价值观念影响着女性角色在《伦敦东区》里的处境。索妮娅其实不是“贱人”，她只是犯了个“错误”的“好女孩”。在主流价值观念里，女性在性行为方面受到的道德拷问要比男性苛刻得多。

电视文本多义性的意义在于，观众不是被迫接受某一层含义，而是有自己的偏好选择。换句话说，一个文本有多种含义，但是，我们在思考之后可以选择接受我们偏好的那一种。在《伦敦东区》中，处于故事焦点的索妮娅是一个“好女孩”，同时又是一个“中学生妈妈”，她的角色并不十分明晰。电视文本的这种组织方式让观众可能同情索妮娅，而不太可能认同贾米尔的咒骂。当然，这并不是说所有的观众都反对贾米尔的观点。

（二）主流、探讨式和反对式解读

文本可以重现，以便强化那些规范人们言行的文化观念。电视广告就重现了西方的价值观。许多家居产品的广告中，观众看到的都是妇女在为丈夫和孩子干家务活，通常丈夫和孩子还会表现出一脸的感激之情。这样的广告就反映了男女分工差异的文化观念，同时进一步强化了这样的差异是正常而自然的。

而广告中偶尔出现男人拿着厨房清洁剂在洗洗涮涮，也必定有这样的潜台词：这个男人出于某种特殊的原因而暂时性地给女人帮忙。

然而，观众收看广告或其他节目是一个主动解释或解码的过程。这样，电视文本才会产生意义。信息不是简单“传递”的，它先是被创造出来，此过程称为“编码”，然后又被观众“解码”。由于观众并不是彼此无差别的大众，而是由不同的社会群体组成，他们的年龄、阶层、性别、民族等都不同，所以电视文本的解码过程及结果也不同。

媒体研究者斯图亚特·霍尔（1980）提出人们解码同一文本的三种不同方式：主流解读、探讨式解读和反对式解读。主流解读即观众理解节目意思的角度与节目制作方编码的方式相一致。例如，观众在看到一则对英国皇室家庭充满敬意的新闻时，他们可能接受新闻编码者的预设：英国的君主政体和皇室制度是合理的。

探讨式解读即在文本编码者的观点与对立观点之间进行权衡。在关于皇室家庭的新闻报道里，新闻编码者预设了“君主政体制度合理”的观点，但他们也许还会认为皇室家庭拥有的特权地位可能会妨害社会公平。

反对式解读者知晓了文本制作者的预设观点，但他们选择在“另一种框架”下解读。例如，反对皇室制度的人在听到前面例子中的新闻时，会认为皇室的废除将会让社会更加美好。

这样的分析模型在反映文本结构如何影响其意义产生的同时还解释了观众解读多种意义的原因。

（三）社会性解读

社会因素，如年龄、性别、民族和性取向等影响着我们对文本的解读。20世纪80年代，媒体研究学者多萝西·霍布森（Dorothy Hobson，1982）为了想弄清楚电视剧《十字路口》（英国）为何受欢迎以及观众不喜欢它的地方，对电视剧的忠实观众进行了系列访问，并把采访结果结集成册《〈十字路口〉：一部连续剧的戏剧艺术》[①]。

霍布森发现，在理解电视剧的意义时，观众会联系自己的阅历来分析剧中

① 译自英文原名：*Crossroad*：*The Drama of a Soap Opera*。

的情节；看电视的场合也会影响电视意义的解读，与一位子女还小的年轻母亲一起看和跟一位独居老人一起看会产生两种截然不同的经历。观众的家庭氛围好坏会决定他能否专心收看该剧和如何把自身融入剧中。霍布森的研究明确阐释了意义产生不是一个单向传输的过程。事实上，对于电视节目的意义产生来说，观众所起的作用跟制片方同样重要。

《家庭电视：文化权力和居家休闲》①（1986）的作者大卫·莫里（David Morley）通过到观众家里采访来研究电视收看的情况。他的研究展示了人际关系对节目解读的影响。在选择收看什么节目时，通常是由一家之主决定的，遥控器也大都在他手中（电视剧《罗伊尔一家子》就戏谑了这种“家庭暴政”）。该研究强调了性别因素是如何影响人们看电视的。女性比男性更喜欢看连续剧之类的虚构节目，而男性则更偏好纪实类的节目，如新闻播报和体育赛事等。同样，女性在采访中表示，她们经常会和自己的朋友一起讨论某部肥皂剧及其中的情节，而男性们表示他们从不与朋友谈论这类虚构节目。

（四）电视新闻节目特点

随着电视研究的不断深入，全球性电视频道也越来越多，英语节目像雨后春笋般涌现。世界主要的电视频道都有固定的新闻报道，下表所列的是世界主要英语电视台。

表4　世界主要英语电视台机构

英文名称	中文译名	国家或地区
ABC（American Broadcasting Company）	美国广播公司	美国
ABC（Associated Broadcasting Corporation）	联合广播公司	菲律宾
ABC（Australia Broadcasting Commission）	澳大利亚广播委员会	澳大利亚
ABC（Asahi Broadcasting Corporation）	朝日广播公司	日本
Asia Television Ltd.	亚洲电视	香港
BBC（British Broadcasting Corporation）	英国广播公司	英国

① 译自英文原名：*Family Television: Cultural Power and Domestic Leisure*。

（续上表）

英文名称	中文译名	国家或地区
CBC（Canadian Broadcasting Corporation）	加拿大广播公司	加拿大
CBS（Columbia Broadcasting System）	哥伦比亚广播公司	美国
CCTV-9（Central China Television Channel 9）	中国中央电视台第九频道	中国
CNN（Cable News Network）	有线电视新闻网	美国
Far East Broadcasting Company	远东广播公司	菲律宾
HK-TVB（Television-Broadcasts Ltd.）	香港电视广播有限公司	香港
Manila Broadcasting Corporation	马尼拉广播公司	菲律宾
NBC（National Broadcasting Co.）	全国广播公司	美国
NHK（Nippon Hoso Kyodai）	日本广播协会	日本
NZBC（New Zealand Broadcasting Corporation	新西兰广播公司	新西兰
VOA（Voice of America）	美国之音	美国

中国许多省级和市级的电视台也开设了英语频道，其主要的节目都是新闻报道。在中国，英语新闻节目有的是记者用英语去采写报道，有的则是根据中文新闻进行翻译和编辑。同样，国外的电视台在制作新闻节目时也有相似的操作。根据英语电视新闻的国际通行做法，一则新闻包括导语、解说、采访、现场声和出镜五个因素。有时候，新闻主持人也会加上介绍性的解说词。下面以TVB电视主持人报道关于香港立法会考察团到地震重灾区视察为例：

Local lawmakers got a first-hand look today at the destruction caused by the Sichuan earthquake. A legco delegation toured Wenchuan County where officials say the cost of reconstruction will be around 100 billion yuan. Some legislators say they are willing to support a donation of 10 billion dollars over five years to help fund the rebuilding in Sichuan province. Mona Lam has details.（主持人解说词）

图5 TVB电视主持人在报道新闻

Words of encouragement to the quake victims. Visiting Hong Kong lawmakers went to the township of Yingxin in Wenchuan County which was at the epicenter of the earthquake. （导语）They observed a moment of silence in this place where more than 10，000 people lost their lives. Some lawmakers say（采访）they would be willing to support gracting a total of 10 billion dollars to the region in the coming five years. James Tien said（采访）although most of the victims have been resettled，reconstruction in Sichuan is going to be a long-term project and HK should offer assistance. Lee Wing-fat said（采访）he would carefully consider the government's proposal on aid to SC when he goes back to HK. The county chief said it will take more than 100 billion yuan to rebuild Wenchuan alone. Liao Wen said（采访）it will cost at least 2 billion yuan to rebuild hospitals and he hopes HK could help set up educational and health facilities in the area. Earlier today，legislators also visited a relief-materials distribution center at Chengdu airport. Their major concern is what kind of supplies are urgently needed in the quake-stricken regions. Officials from the SC Department of Civil Affairs said construction materials are important at this stage for rebuilding infrastructure and houses for victims. The Legco delegation arrived in SC last night and for some Taiwanese it was the first time they have been allowed to go to the mainland for years. Lee Cheuk-yan and James toured Chengdu's night market. They chatted with residents and tried some of the local snacks. But missing in action was fellow pan-Democrat Leung Kwok-hung who was denied a home return permit. "Long Hair" was refused entry on the grounds that he might do something contrary to the aim of the visit. One Executive Councillor said it's a shame that Leung couldn't join the tour. Anthony Cheung hopes（采访）members from all political parties will get the chance to channel their opinions to the central government in future. He added that（采访）more comprehensive communication would help BJ better understand HK.

（TVB Pearl News，July 8th，2008）

在这则新闻中，新闻主持人在解说词中除了介绍新闻事件，还把受众和新闻报道的记者（Mona Lam）联系起来。这种解说词与导语相似，突出了事件的中心，也承接了各条新闻，使整个节目流畅自然。在导语中，新闻人物（visiting Hong Kong lawmakers）、地点（Wenchuan County）和事件（went to the township of Yingxin）都很清晰地表达了出来。新闻的主体（即未画线部分）是记者的解说部分。六名新闻人物接受了采访，记者用间接引语作了报道。如上文所述，这则电视新闻报道结合了声音、画面和文字，充满了文字难以表达的现场声和出镜画面。

这则英语新闻是香港的记者用英语去采访和编写报道的，新闻受众主要是居住在香港的外国人和懂英语的香港人。如果把这条新闻翻译成中文，报道给中国内地和香港那些不懂英语的受众，其新闻传播过程不会遇到很大的问题，因为英语和中文的受众具有相似的文化背景。可是，在中国电视对外报道时，大部分的汉英和英汉新闻编译工作都会遇到一个共同的难点：文化差异。著名对外传播专家段连城曾经指出："我们不可低估外国读者或听众的能力，但也切勿高估一般外国人对我国的了解水平。”① 另外，电视新闻与传统的报刊新闻不同，声音和图像都是瞬时出现的，如何在最短的时间内把内容丰富且具有文化差异的信息用另一种语言传递出去，令新闻翻译的工作难上加难。

四、电视新闻编译

（一）电视新闻编译的依据

在电视新闻的报道中，尤其是国际新闻，一般都需要进行新闻的翻译和编辑。无论是中译英还是英译中，编译都是很重要的。

把中文的电视新闻翻译为英文时，记者、编辑和译者编译的依据是什么？我们以 CNN World Report 栏目为例加以说明。该节目组承担着全世界 120 多个国家和地区电视广播公司的节目交流工作，其观众既有美、英、加、澳等英语国家的，也包括世界上 100 多个国家中以英语为外语的观众。这些电视观众所处的文化语境迥异，英语水平也有很大的差异，加之电视语言的瞬时性等因素使译者首先必须做到译文语义清晰，不能晦涩难懂。在追求句子结构紧凑、信息容载量大的同时，不宜使用过于复杂的句子，更应避免冷僻深奥的词汇。其次，表达要简洁，用经济的语言表达丰富的思想，尽量删去可有可无、不影响表达内容完整和准确的词。再次，用词生动，电视新闻英语要表达有力，叙述生动，在用词上注意推敲。②

中国电视新闻报道中的“国际新闻”通常情况下都需要编译。原因有二：第一，外国的新闻通常较长，新闻细节较多，如果全部翻译会增加受众接收信息的负担，也浪费了电视新闻的黄金时段。所以，这类新闻通常都一边直接播放外国电视台的新闻画面，一边由中国的记者用编译过的文本进行旁白解说。第二，中国的新闻节目通常都是 30 分钟，国际新闻往往都放在最后一部分（重大国际新闻除外），具体顺序大体是头条新闻、本地新闻、国际新闻和体育新闻。由此可见，国际新闻的内容并非广大受众最感兴趣的，必须在翻译的

---

① 段连城. 美国人与中国人——中美文化的融合与撞击. 北京：新世界出版社，1993. 123

② 侯维瑞. 英语语体. 上海：上海外语教育出版社，1988. 265～268

过程中结合本地受众的需求进行润色。

（二）电视新闻编译的原则

一般情况下，新闻翻译的原则适用于广播电视新闻的翻译。正如刘其中在《新闻翻译教程》中所提出的新闻编译原则：（1）编译新闻与一般新闻翻译相比有较大的自由度，但仍应以忠于原文、忠于原意为中心考虑，不能因译文需要而扭曲原文原意，不能断章取义，也不能随意添加原文没有的实质性内容。但是，为了帮助读者更好地理解新闻而提供某些背景材料则不仅允许，而且有时还是必要的。（2）为方便读者阅读，新闻事件与新闻事件之间、新闻事实与新闻事实之间，可增加某些非实质性的字句，以实现连接、承上启下、平稳过渡，使文章自然而然地由一个新闻事件转入下一个新闻事件。（3）既然是编译、综合，就允许略去某些内容（基础新闻的主要新闻事实不宜删除），特别是那些仅对原语读者有用，但对译语读者可有可无的信息。（4）翻译新闻标题应力求准确，并按照中文报纸标题的写作要求使之“尽量完美”，适合报纸采用。报纸的后期加工，应留待责任编辑处理。（5）直接引语内的内容必须如实翻译，意思不能改动。不可将间接引语改为直接引语。但是，如果上下文需要，则可将直接引语改为间接引语。①

以上五个原则尽管主要是针对报刊文本的翻译，但同样可以作为广播电视新闻的翻译原则。电视英语新闻的编译者应该成为“噪声、杂音、反调”的“滤波器”，以保证我们的节目在参与国际舆论时不至于成为“学舌鸟”和他人的“传声筒”。一则关于西藏开放的报道在提到当地人口民族构成时，把“the Tibetan”，“the Chinese”两个词并提，这是西方某种意识形态下的说法，有悖逻辑。藏族是中华民族的成员，“the Chinese”包括“the Tibetan”，“the Tibetan”也是“the Chinese”。正确的提法应为“the Tibetan, the Hans”。在我们自己的一条关于西藏建设成就的报道中，接受采访的外国游客说亲眼目睹了藏族人的自由，“In the temples we visited, we witnessed the freedom of religion and freedom of superstition”（在我们访问的寺庙中，我们看到了宗教自由和迷信自由）。其中后一个“自由”只是那个外宾的理解，编译时应该删掉，它并

---

① 刘其中．新闻翻译教程．北京：中国人民大学出版社，2004. 159

不是我们国家的政策；相反，我们是倡导破除迷信的。

具有政治宣传家思维的编译处理可以发挥“放大器”和“增音器”的作用，为原新闻稿和片子增加外宣效果。近几年，广州卫视的一个编排突破常规，把国内和国际新闻混编播出，前一条先播了广州公安大智大勇侦破一起歹徒在列车上施暴案件的新闻，之后紧接着配发了一则法国两次发生地铁爆炸，死亡惨重，警方一筹莫展的外电。这样对比的编排虽然未加评论，但比较了中国与西方警方处理案件的能力，反映了两个世界闻名都市的治安管理状况。与此相反，编排不当则会抵消外宣力度。比如，一个编排先报道了国内两则开辟新机场和新航线的成就，但在随后国际新闻中报道的外国环保论点却说，“More and more people beginning to ask the same questions. ‘Is it fair that millions of people should suffer because a few people in the air want to travel faster?’”（“越来越多的人开始提出同样的问题，‘数百万人为了少数人的空中航程快一些而遭受空气污染之害，这公平吗？’”）国际航空港建设和航线开辟反映了一个地方的对外开放水平，我们的这一国情被发达国家“环保论调”的“败笔”编排数落了一通。这证明了电视英语新闻编译不只重“译”，还要强化“编”的意识。①

（三）电视新闻编译例举

例 1：

US Democratic presidential hopeful Barack Obama has emerged clearly on top after the third and final debate against Republican John McCain ahead of the election next month. Under pressure to catch up in the polls, McCain launched a barrage of angry attacks against Obama, but many felt the Democrat managed to come out looking better. 【1】

It was probably the last time either John McCain and Barack Obama had to try to publicly outwit each other before the election on 4th November. McCain's support has been slipping and their third and final televised debate was seen by some as make-or-break time. The debate

① 筱白，刘雅梅．电视英语新闻的编译重在“编”．新闻记者，1994（4）：58～59

began with Obama having to defend himself again from McCain's claim that he's good friends with former militant protester-turned-university professor William Ayers.

(**Obama said**) "I think the fact that this has become such an important part of your campaign. Senator McCain says more about your campaign than it says about me."

(**Debate host said**) "And you launched your political campaign in Mr. Ayers' living room."

(**McCain said**) "That's absolutely not true. And the facts are facts and records are records. And that's not the fact. Mr. Ayers... I don't care about an old washed-up old terrorist, but as Senator Clinton said in his debate with you, we need to know the full extent of that relationship."

Obama said it was typical of the kind of dirty tricks McCain has been pulling throughout the campaign.

(**Obama said**) "Two thirds of the American people think that Senator McCain is running a negative campaign versus one third of mine and 100 percent. John, of your ads, 100 percent of them, have been negative."

(**McCain said**) "It is not true."

(**Obama said**) "It absolutely is true."

(**McCain said**) "It is a matter of fact that Senator Obama has spent more money on negative ads than any political campaigns in history, and I can prove it."

On the attack, McCain appeared angry and frustrated as he lashed out at Obama for repeatedly comparing him to US President George Bush.

(**McCain said**) "Senator Obama, I am not President Bush. If you want to run against President Bush, you should have run four years ago. I'm going to give a new direction to this economy and this country."

(**Obama said**) "The fact of the matter is that if I occasionally have mistaken your policies for George Bush's policies, it's because on the core economic issues that matter to the American people on tax policy, on energy policy, on spending proprieties, you have been a vigorous supporter of President Bush."

The two also sparred on the topics of taxes, jobs and abortion before their closing statements.

(**McCain said**) "As a long line of McCain that have served our country for a long time in war and in peace, it's been the great honour of my life, and I've been proud to serve."

(**Obama said**) "The biggest risk we could take right now is to adopt the same failed policies and the same failed politics that we've seen over the last eight years and somehow expect a different result."

The close of the debate signal the start of 20 frantic days of campaigning before election day.

(ATV World News, October 16, 2008)

译文：

距离美国大选只有两个多星期，民主党的奥巴马在最后一场电视辩论中再赢一仗，在支持率方面继续扩大差距，共和党的麦凯恩选情极不乐观【1】。

第三场也是最后一场总统候选人电视辩论，是麦凯恩向全国选民展示他比奥巴马更有能力胜任总统的最后机会。对于奥巴马经常将他与乔治·布什总统相提并论，麦凯恩一再强调与乔治·布什划清界限："参议员奥巴马，我不是乔治·布什总统，如果你想与乔治·布什总统对决，你在四年前就应该参选。"

奥巴马表示，在乔治·布什政府主政下，美国爆发金融危机，令美国人生活在水深火热之中，白宫一定要改朝换代："我们现时要冒最大的险，就是接受同样的失败政策，同样的失败政治，这是我们过去八年所看到的。"

麦凯恩反击，指不断提及过去八年是不切实际的，应以有建设性的方案协助美国人渡过难关："我们需要削减美国的商界利税率，我们需要鼓励商业发展，美国在长时间内需要削减民众的税项，鼓励投资，制造职位。"【2】

虽然麦凯恩改变策略，攻击奥巴马的言论前后不一致，又极力表现自己解决经济问题的能力比他优胜，但在这场终极之战中仍未能赢得选民的支持。

辩论结束后的两项民意调查显示奥巴马再赢一仗，他已在连续三场的电视辩论中胜出，在支持率方面领先麦凯恩14个百分点【3】，麦凯恩的选情极度不乐观【1】。

（亚洲电视世界新闻报道，2008年10月16日）

以上关于2008年美国总统大选的新闻，其英文版本是香港亚洲电视国际台（ATV World）英语新闻报道中直接引用美国媒体的文本，总长度为2分54秒，共2 595字。中文版本是香港亚洲电视本港台（ATV）经过编译的中文新闻报道，总长度为1分50秒，共511字。姑且不论中文新闻和英语新闻报道在语速和用词数量上的不同，就凭新闻传达的信息量而言，编译后的中文新闻更加简练。

正如上文所说，大部分的汉英和英汉新闻编译都会碰到文化差异的难题。文化是人们在判断社会成员的某种特定行为方式是否符合社会一般期待并按照该期待做事而必须要知道、掌握或感觉到的一切东西。Vermeer（1989）在这个概念的基础上，对文化提出了新的定义：文化是作为社会成员的个人为了与众人一样，或为了能够与众人不一样而必须知道的整套规范和规约。她认为，每一个文化现象在复杂的价值系统中都占有一席之地，是有价值倾向的，而且每个人都是时间和空间相互作用的系统中的一个要素。因此，在跨文化活动或跨文化交际中，要考虑到关于行为、评价以及交际情景方面的文化差异。

语言反映文化，翻译活动不仅是对两种语言进行比较，而且也意味着对两种不同文化进行比较。文化会呈现出各种特点。Vermeer把文化的特点称为文化素，文化素是一种文化中的一个社会现象，这个社会现象与该文化的成员相关。而且，当它与另一种文化相对应的社会想象相比较时，就具备了自己文化的特性。

在该新闻编译文本中，原新闻一半以上的内容都是直接记录两位候选人在电视辩论中的发言，甚至还报道了辩论主持人的话，“原汁原味”地把辩论的某个激烈过程展现给受众。这里就反映了美国的一个文化素，即美国总统选举的社会现象，这种文化素在相应中国文化中的社会现象是中国国家主席的选举。两种现象的一个区别是美国总统竞选经常有辩论拉选票的环节，而中国国家主席的选举则没有。因此原新闻中的两位总统候选人的辩论对美国的受众而言十分重要，因为候选人在电视辩论中的态度和观点直接影响当地选民的投票取向，电视新闻有必要报道给受众，也就是潜在选民。但对于中国的受众而言，整个辩论的过程无关紧要，重要的是直接的辩论结果和最新的选举情况。

因此，该新闻编译最大的特点就是高度概括原文的大部分直接引语，只保留对最重要的引语的翻译。新闻编译者把候选人一些最重要的发言（译文中的黑体字）翻译出来，其他的发言都以概括的形式报道出来。同样的概括性报道语言还包括中文译文中的【1】，它是根据原文【1】的句子和整个新闻的信息作出判断（即“共和党的麦凯恩选情极不乐观”和“麦凯恩的选情极不乐观”），分别在导语和结语中发挥总起和总结的作用。

编译除了要“删”，也要适量地“增”。译文的【2】和【3】并不是原文的内容，而是译者查阅了相关信息，给中国受众补充的新闻内容。增加【2】麦凯恩的发言，是为了平衡两位候选人发言的分量，因为译文已直接翻译了奥巴马的发言。增加【3】的支持率具体情况则让受众更为直观地了解选情。这些增补的信息能够帮助受众更容易了解新闻所要传递的内容。

例2：

At least 11 people are dead and two missing after a building collapsed in the Egyptian city of Alexandria last night. Officials are blaming the collapsed on the design of the building，which broke safety rules.

This is all that's left of the building in Alexandria on Egypt's northern coast that collapsed overnight. Rescue workers frantically tried to find victims trapped under the rubble. According to police，one victim was a mother who died clutching her baby. About 36 people lived in the building but some were out at the time. Police say the owner of the 53-year-old building had apparently violated regulations because an extra floor was added in 1997. Previously，residents have complained about the building's safety and authorities had even ordered the removal of the additional story but nothing was ever done. Building collapses are common in Egypt and are usually blamed on poor building standards and a lack of maintance.

（ATV World News，October 9，2008）

图 6　亚洲电视台世界新闻报道电视画面

译文：

埃及又发生楼宇倒塌事故，至少 13 人被瓦砾活埋，其中 11 人死亡，包括一个新生的婴儿和他的母亲。

倒塌的住宅楼位于亚历山大港，救援人员用起重机协助挖掘，搜索失踪者，不断找到尸体。其中包括一名女子，她当时仍然抱着一名新生婴儿，两人都因为重伤，当场死亡。

根据资料，该座四层高的建筑物于 1955 年兴建，业主在 1997 年加建一层。最近，有住客听到异常声音，于是报警，但警方只要求加建楼层的住客搬出，并没有封楼或者检查。

埃及多次发生塌楼事故，主要原因是政府监管松懈，纵容业主非法加建楼层，造成惨剧，专家估计当地有大量楼宇结构存在潜在危险。

（亚洲电视台世界新闻报道，2008 年 10 月 9 日）

这则关于房屋倒塌的新闻在用英文和中文的报道时有不同的信息传播侧重点，其区别主要体现在导语的编译上。导语是新闻最重要的部分，起着开门见山、提纲挈领和概括全篇的作用。导语是否生动有趣，常常决定了受众是否会继续关注新闻的详细内容。诚然，这则惨剧的新闻导语并不生动有趣，编译的时候应在保留原文意思的基础上有所删改。

原文的导语是全要素导语，传递了新闻的六个基本元素（who，what，when，where，why and how）：新闻人物和新闻事实（At least 11 people are dead and two missing）、新闻发生的时间（last night）、地点（in the Egyptian city of Alexandria）、原因（a building collapsed）和方式（Officials are blaming the collapsed on the design of the building，which broke safety rules）。

编译后，中文的导语为部分要素导语，变得简练了：新闻时间省略了，新闻地点笼统了（“埃及”，而不是“埃及亚历山大港的一个城市”），新闻人物和新闻事实概括了（“13 人被瓦砾活埋，其中 11 人死亡，包括一个新生的婴儿和他的母亲”，而不是“至少 11 人死亡、两人失踪”）。中国的受众获得以上的信息已经足够了，因为他们对事故细节没有兴趣，他们更关注的是电视直观的画面。另外，编译后的导语用了一个“又”字，说明埃及之前已有类似的事故，很自然地过渡到正文，特别是正文后半部分报道埃及房屋建设的长期问题。

例 3：

2002 年是中国农历的马年，在马年的新春里，天津动物园的河马、斑马、野马、果下马四个家族中各有一名于马年产仔的“孕妇”，这一现象是天津动物繁殖历史上的一个极为惊喜而有趣的现象。

译文：

2002 is the “Year of Horse” by the Chinese lunar calendar. In the spring of 2002，a hippo，a zebra，a wild horse and a Guoxia horse gave birth at the Tianjin Zoo. In China，hippo and zebra are generally called “horses”，while the Guoxia horse is a kind of pony in Southwest China. So to the locals，four “horses” gave birth in the spring of “Horse Year” . To know more about this amusing coincidence, follow us to visit the zoo. ①

(CNN World Report, April, 2002)

这则新闻稿体现了中西文化差异。2002 年是“马年”，这是中国文化里所特有的。对中国观众而言，这四种被我们统称为“马”的动物，在“马年”的新春里同时产仔，自然是一大“喜事”。那么，如何处理这些巨大的文化障碍，怎么才能让外国电视观众明白何“喜”之有？另外，根据动物学常识，在这四种“马”里，至少河马不是“马”。为此，考虑到这是一则新闻片开头的解说词，译者作了灵活的处理。特别是画线部分的句子，从翻译的角度上看似“无中生有”，但符合英语新闻报道的习惯，让英语电视观众喜闻乐见。英语电视观众希望听到的是流畅、自然的新闻语言，不是生硬别扭的“翻译腔”。因此，当面对翻译过程中的巨大文化障碍时，译者只能进行“解释”，否则就达不到语际意义转换的目的。这样处理的后果是英语解说词过长，而不解释，外国观众就无法看懂、听懂。因此，只能在编辑电视画面时尽量放慢配音语速。②

五、电视口译

与其他传播媒体相比，电视新闻更注重实效性。特别是在 21 世纪，全球化不断深化，科学技术不断发展，人们通过卫星科技便能立即接收全球各地最新的资讯。面对一些突发性事件（如战争和灾难等），电视台如何才能克服语言障碍，把信息及时地传递出去呢？在这种情况下，电视口译应运而生。电视口译完全省去编辑和翻译的书面工作，大大提高了新闻传播的效率。

电视口译分为交替传译（consecutive interpreting）和同声传译（simultaneous interpreting）。电视节目使用交替传译的情况多在有外宾参加讨论的节目，口译员将节目内容以耳语（whispering）的方式翻译给外宾，再将外

① 该例子引自吴自选. 文化差异与电视新闻翻译——以选送 CNN World Report 的新闻片汉译英为分析个案. 上海翻译，2005（1）：24～27

② 吴自选. 文化差异与电视新闻翻译——以选送 CNN World Report 的新闻片汉译英为分析个案. 上海翻译，2005（1）：24～27

宾的谈话以交替传译的方式翻译出来。电视节目的同步口译则是在原音轨道上加上口译员的声音，原音仍以背景声音的方式出现。这里说的原音和译音，不一定指中外两种语言，也可以是中文的各种方言，如粤语和普通话之间的同步转换。但通常情况下，受众接触比较多的是中外两种语言新闻报道的同声传译。

2001年，美国的“9·11”事件让中国内地的观众记住了凤凰卫视，当时该电视台提供了大量CNN的画面，同时配以同声传译，让大家第一时间感受到了突发新闻的时效性。而CCTV只是在稍后的晚间新闻才提及此事。这次报道给中央电视台敲响了警钟，在深刻反省及不断完善后，CCTV－4在2003年针对伊拉克战争的408小时的特别报道中，大胆地采用了同声传译，首次对重大国际突发事件进行先入为主、先发制人和分析深刻的报道。在节目播出后的短短四天里，收视率达到6.06%，比平时提高近28倍，最高收视率曾达到7.92%。与此同时，收视份额也逐日提高，创频道开播以来收视新高。这次的成功报道给央视带来了巨大的信心，在接下来的一些节目中也陆续采用了电视口译这个新兴的工作形态。

随着一系列重大国际事件以直播的形式出现在观众的面前，中央电视台播出的记者招待会、世界性选美活动、美国总统大选和一些突发性事件，都采用了电视口译。

但是，受众对电视口译的反馈褒贬不一。例如，CCTV－6电影频道延时一小时全程转播第78届奥斯卡奖颁奖仪式，使用同声传译却遭到广大电影爱好者的批评，以致央视重新采用了原音配字幕的方式转播第79届。在报道香港金像奖电影颁奖典礼中，中央电视台曾经把粤语同传为普通话，导致粤语和普通话的受众骂声一片。

究竟应该如何评价电视口译的质量呢？在回答这个问题之前，必须了解电视口译者工作的素质要求和工作情况。

首先，电视口译者必须能承受很大的压力。这种压力是来自多方面的。一是来自新闻事件的突发性，使得译员没有足够的时间进行译前准备，严重影响翻译的质量。二是来自新闻报道的大众性。例如，凤凰卫视在使用电视口译的节目中，赫然显示着“电视同传”的名称，并将译员的头像呈现在屏幕的一角，译者不得不面对大量的受众。这是“隐藏”在同传箱子的会议同声传译者不用承担的压力。三是来自受众不理解同声传译工作特点的压力。许多电视观众并不懂得同声传译工作异常的难度和有限的准确性。所以，当译员出现口误、错译和停顿的时候，受众也许难以容忍，并根据画面内容作出自己的理解。

其次，电视口译要求译员具备高度浓缩的语言信息、清晰流畅的发音、让不同的风格和观点与内容相吻合的能力等①。当然，译员的语速、内容与电视屏幕的画面保持同步也是至关重要的。与此同时，不要让观众有仓促之感，即保持如叙述者一样的自然语速。这便要求电视同声传译员不仅具备扎实的双语转化技巧，还要具备新闻播音员的相关素质，如悦耳的声音、规范的语速和语调，根据画面灵活采用增译、减译、归纳、总结等变译技巧②，以求与画面一致。

电视口译属于电视媒体新的传播手段，目前使用得比较多的是字幕、配音等传统方法。但随着科技的进步，电视新闻翻译工作者将面临新的选择与挑战，如同步字幕（simultaneous subtitling）、多语字幕（multilingual subtitling）已在欧洲进入实验阶段。传统的语言专业人士（配音人员、字幕人员、口译和笔译人员）需要具备更广泛的技能，以符合媒体未来发展的需求。现今媒体需要的是复合型的新型人才，能同时应付笔译、口译及编辑的需求，性格上还必须具备弹性佳、反应快、常识足及使用新设备时的无惧感。例如，香港的凤凰卫视就拥有一批既能播音主持、采编新闻，同时还具备同声翻译能力的高素质综合型人才，在很多国际突发性新闻的报道中都张弛有度、收放自如。他们对广大翻译从业者，特别是从事传媒翻译的工作人员起到了示范作用。

【翻译练习】

1. 赵老先生现在已经开始编织他的第二张书法壁毯：中国北宋名将岳飞的词——《满江红》，原稿是用行书书写的。在此之前，他编织了用隶书书写的中国宋代诗人范仲淹的文章——《岳阳楼记》。

2. US Judge Dismisses Provision of the Patriot Act

A US federal judge has dismissed a provision of the Patriot Act that allows the

---

① 万宏瑜，杨承淑．同声传译中顺译的类型与规模．中国翻译，2005（3）：73～77

② 周青．变译理论与口译探微．中国科技翻译，2005（3）：20～22

Federal Bureau of Investigation to secretly force companies to provide access to customer records without a warrant.

Judge Victor Marrero Thursday ruled the provision is unconstitutional and said the gag order violates the First Amendment guarantee of free speech. The law allows the FBI to force communications companies into releasing their customers' financial, telephone and Internet records to federal officials, while forbidding the companies from disclosing information about the request.

Marrero first ruled the provision unconstitutional in 2004 when the American Civil Liberties Union challenged it, saying it was improper for the FBI to issue so-called national security letters without a judge's order. The letters are used in terrorism investigations. Congress revised the Patriot Act in 2005 and it was sent back to Marrero to review the law's constitutionality a second time.

【参考答案】

1. Zhao is now weaving his second "calligraphy tapestry". He is weaving into his tapestry a verse by Yue Fei, a general in the Northern Song Dynasty. He has finished weaving into his first "calligraphy tapestry" prosed by Fan Zhongyan, a renowned poet and statesman in the Northern Song Dynasty.

2. 美法官否决爱国法案一条款

美国一名联邦法官否决了爱国法案中的一项条款。那项条款允许联邦调查局在没有法庭许可的情况下秘密迫使一些公司提供客户资料。

马雷罗法官星期四裁决，这项条款不符合宪法。他说，这项压制言论的条款违反了宪法第一修正案保障的言论自由。该项法律允许联邦调查局迫使电信公司向联邦官员提供客户的财务、电话通讯以及因特网活动的记录，同时禁止这些公司公开联邦调查局向公司提出过这种要求。

美国民权联盟对这一条款提出挑战后，雷罗法官 2004 年裁决这一条款不符合宪法。他说，联邦调查局在没有法官批准的情况下发出“国家安全信函”是不恰当的做法。联邦调查局用这些信函来调查恐怖主义活动。美国国会在 2005 年修订了爱国法案，后来这项法案再次被送交马雷罗法官审核以裁决是否符合宪法。

第五章

电影文本翻译

本章除了概括电影文本的语言特征之外，主要从德国功能主义翻译理论的角度考察了电影文本翻译中人际互动的一面。电影文本翻译是翻译发起人（可能是导演）、译者、剧本作者和电影观众等各种角色互动的结果。此外，本章还提出三种电影文本翻译方法：压缩法、归化法、抒情法。压缩法主要是针对电影文本翻译受到时空的制约而提出的翻译策略；归化法主要用来处理电影文本翻译中的文化问题；抒情法主要是译者遵循“情感化”的原则，翻译出电影中人物的情感，达到打动观众，使观众产生共鸣的目的。

一、电影的语言特征

在电影媒介百余年的发展历史中，电影已经成为人们生活中的重要组成部分，具有传播资讯、交流文化、反映生活、分享情感、艺术创作等功能。电影的魅力在于它能在短时间内以精美的画面和声音讲述一个完整的故事。“每一部影片都是一定文化区域历史和社会生活的反映”①，它源于生活又高于生活，并兼容其他艺术和文化内涵。当今，随着各国交流的不断增多，电影技术不断更新，大量的外国影片登陆中国市场，中国电影也开始进入国际电影圈。

20 世纪 90 年代以来，随着中国引进美国好莱坞大片的数量增加，美国电影及其承载的西方文化和价值理念随之渗透到中国社会和观众中。中外电影在视觉和听觉背景下所传递的文化信息和差异不容忽视。所以，在西方电影走进来和中国电影走出去的过程中，电影译制及其文本的翻译话题就凸显出来。由于电影文化产品的特殊性，电影译制事业与社会的方方面面紧密相连，其作用和地位不可低估。

研究电影文本的翻译，必须首先了解电影的语言特征。在《影视翻译——翻译园地中愈来愈重要的领域》一文中，作者分析了影视语言与书面语言的不同特点，并将影视语言的特点归纳为五个“性”，即聆听性、综合性、瞬间性、通俗性和无注性②。

具体而言，电影的语言包括独白（monologue）、对白（dialogue）和画外音（off-screen voice）。所有的这些语言是影片中人物之间或人物与观众之间进行思想情感交流的重要手段，也是电影各种构成元素中具有释义作用的一种特殊元素。它具有叙述故事情节、刻画人物性格、揭示人物内心世界等作用。电影台词的艺术魅力就在于它是社会交际的真实再现，演员富有情感的演绎和诠释使这些充满浓郁生活气息的话语更加深入人心，经典而隽永。电影制作者根据剧情和演员的特点，赋予电影不同的语言特点，如枯燥乏味或文采飞扬、简

---

① 庄琦春. 中外影视作品译制的社会文化思考. 现代传播，2005（1）：115～116

② 钱绍昌. 影视翻译——翻译园地中愈来愈重要的领域. 中国翻译，2000（1）：61～65

洁明快或故弄玄虚、激情洋溢或慢条斯理、幽默生动或严肃刻板等。

二、电影翻译的理论研究

影视作品本身是由图像、声音、画面色彩等融合而成的多重符号载体，并非简单的文字文本。影视翻译过程也并非是单一的从源语言到目标语言的转换过程，期间涉及诸多文本外因素的处理，这加大了影视翻译理论研究的难度。

影视翻译领域的研究最早始于西方，其相关理论研究之所以在欧洲得以迅速发展，这与欧洲先进的科技水平是分不开的。电影电视最先在欧洲普及，广大受众的需求和学界的相对重视都促成了影视翻译理论在欧洲的蓬勃发展。欧洲各国之间极为密切的联系，不同语言的高关联程度，文化多元化性和相通性等因素都推动了欧洲影视翻译理论研究的发展。

奥托·黑斯—夸克（Otto Hesse-Quack）的专著《电影配音的传播过程》（1969）表明大众媒介行为既是给定社会的价值、标准、旧习、态度的“反映者”（reflector），又是“造型者”（moulder）。翻译行为就像一个“守门人”（gatekeeper），在进口电影素材中加字幕转换介绍被视为源文化和目标文化不同的象征间区别的证据。

西奥·赫尔曼斯（Theo Hermans）提出电影翻译分离的观点：从把文学作为复杂、动态的系统角度来看，在理论模型与实际个案研究之间的连续相互作用应该是有说服力的；直译是描述性的、目标导向的、功能性的和系统性的；在规范和限制上，在翻译与其他类型文本处理的关系上以及在给定的文学和文学之间的相互作用中，还有翻译的位置与角色上都决定了翻译的生产与接受。①

另外，影视翻译研究领域活跃着一大批当代的欧洲学者，其中，研究成果颇多的领军人物有芬兰的 Yves Gambier，丹麦的 Henrik Gottlieb，希腊的 Karamitroglou，瑞典的 Jan Ivarsson，西班牙的 Frederic Chaume 和 Jorge Diaz-Cintas 等。

相比之下，我国影视翻译的研究起步较晚，影视翻译理论研究水平还相对

---

① Hermans, T. *The Manipulation of Literature: Studies in Literary Translantion*. Worcester: Billing & Sons Limited, 1985: 10－11

较低，到目前为止几乎没有形成一套自己的理论，主要还是在实践的层面上摸索。研究成就较大的学者有以下几位。

上文提到的钱绍昌可以说是我国影视翻译领域的领军人物。除了提炼出影视语言的特点和强调影视翻译的重要性，他还根据自己多年的翻译实践经验，提出了影视翻译的七条建议，包括“让观众明白对白中的第三人是指男人还是女人”、“演员台词与其口形必须相吻合”、“对白中有停顿时候的译法”、“对白中有示意动作的译法”、“如何翻译因文化背景和知识面差距造成的难点”、“双关语和文字游戏的翻译”以及“译文必须明白易懂、通顺流畅”。他还指出，在影视翻译时，翻译的“信、达、雅”三项原则中以“达”最为重要。①

中国传媒大学国际传播学院的麻争旗主要是在翻译与跨文化传播领域作研究，其专著《影视译制概论》更是近年来不多见的影视翻译研究专著。该书从本质论入手，明确了译制片的概念，讨论了译制片本质、属性以及译制片存在的意义。从传播学、二度编码理论、符号学和阐释学等多个角度探讨了影视作品的译制原则，分析了影视译制中存在的一些现象。并且创造性地从美学的角度探讨了影视译制的艺术规律，讨论了影视翻译的美学问题和配音的艺术性，并且对于译制片的批评与鉴赏也提出了自己的理论。

同时，麻争旗也总结了他30年的影视翻译实践，提出影视翻译工作的五个特点和要求：口语化、人物性格化、情感化、口型化和通俗化。“口语化”要求译文具有生活气息、使对话像“话”；“人物性格化”要求话如其人，使话语带着人物个性；“情感化”要求语出有情，使言语真实感人；“口型化”是对译文在形式、结构等方面的严格规定；而“通俗化”则是在翻译已经承担的多重使命中又增加了一个为观众着想的新内容。② 这五个方面可以说是影视翻译最主要的特征，也是翻译在创作中所必须遵循的最基本原则。这五个方面相辅相成、共同作用，翻译时不能有所偏废、顾此失彼。这是做好影视翻译的基本保证。

马建丽在《译制脚本之翻译原则——<魂断蓝桥>译制艺术赏析》一文

---

① 钱绍昌. 影视翻译——翻译园地中愈来愈重要的领域. 中国翻译，2000（1）：61～65

② 麻争旗. 影视译制概论. 北京：中国传媒大学出版社，2005. 131～150

中，从翻译理论、语言功能理论、戏剧语言特点和配音等各个方面探讨了译制片翻译所应遵循的基本原则和创造方法。

下文将参考以上学者的研究成果，并结合相应的翻译理论，提出三大翻译策略：压缩法、归化法、抒情法。译制电影的配音问题，将在最后一个小节予以单独讨论，以飨读者。

三、电影文本翻译的特点和策略

（一）电影文本翻译的特点

字幕翻译的常规任务是在时空条件的制约之下，以最有效的方式提供给观众与导演意图最关联的信息。而每部电影的具体目的依不同电影而定，这个目的又决定了字幕翻译的策略。这是费米尔（H. J. Vermeer）的“目的论”（Skopos theorie /Skopos theory）在字幕翻译中的应用。在目的论中，翻译不仅是一种有意图的行为，而且还是一种跨文化的人际互动，也是一种文本处理的行为。

首先，在字幕翻译过程中，翻译更明显地表现为一种人际互动。在该人际互动中，各种角色都有某种功能和作用，而且通过一个复杂的网络相互联系在一起。

（1）发起人或委托人的角色：发起人是启动翻译过程并通过明确目标文本的目的来决定翻译走向的人、群体或机构。在字幕翻译中，担当发起人的角色一般是监督员或导演，导演的意图影响电影的目的，从而启发译者使用哪种翻译策略，决定字幕最终呈现的样子以及最终影响整部电影的成功与否。

（2）译者的角色：在电影字幕翻译中，译者不是自发开始翻译的，一般是受导演的邀请。译者是源语文本和翻译要求的接受者，在接受发起人的条件后，译者就是满足翻译要求的目的文本生产者。

（3）原文作者的角色：在电影文本翻译中，原语文本就是电影的原剧本。原剧本是字幕翻译的来源。原剧本作者在撰写原文时，动机可能是让剧本翻译成别的文字，也可能与翻译毫无关系。因此原剧本的作者并不是电影文本翻译的直接因素。

（4）目的文本接受者的角色：目的文本的接受者大部分是电影观众，电影观众是电影字幕翻译的决定因素。观众对字幕的认可与否是票房高低的一个重要因素。

(5) 目的文本使用者的角色：最终把文本付诸使用的人，最终使用电影字母的可能是制片人，也可能是导演或其他人等。

其次，电影话语是一种由演员按照稿子念出来的话语，因此是一种呈现式话语，呈现式话语从来都不是现实对话的如实反映。字幕里面的对话都很连贯而且是有意义的，而现实世界中的对话却不总是连贯而有意义的。电影中，两个人物之间再怎么通俗的对话都有其叙事目的，可以是为了营造气氛，可以是为了预示接下来的情节，也可以是为了刻画人物形象。简而言之，电影文本里的人物的对话是说给观众听的，而不是像现实对话那样说给对方听。电影字幕的翻译更要注重连贯原则，字幕的翻译必须与读者的情景连贯。

根据目的论，“连贯原则”诠释了原文资料与译文之间的关系。连贯原则包括文本内连贯和文本间连贯。文本间连贯，也称为“忠诚原则”。因为目的语文本是在源语信息的基础上再次提供信息，源语信息和再次提供的信息之间有关联，因此文本间连贯必须存在于源语文本和目的语文本之间，不过采取什么样的形式可以取决于译者对源语文本的解释和翻译目的。文本内连贯是指文本接受者可以理解文本，文本在接受它的交际情境和文化中才有意义。只有接受者觉得交际互动能够与他们的情境相连贯，该交际互动才算是成功的交际互动。文本间连贯要服从于文本内连贯，即译者要生产一种至少能够让目的语文化接受者理解的文本。在电影字幕翻译中，原文资料就是一部完成了的电影，包括电影对话、人物形象以及音乐。译文就是加注字幕的同一部电影。

字幕最终呈现的样子要符合文本内连贯、符合电影观众的情景，只有这样才能更好地让他们理解和接受。

（二）电影文本翻译策略

1. 压缩法

Mayoral，Kelly 和 Gallardo 将影视配音和字幕翻译的制约因素分为六类：时间、空间、音乐、图像、语音和口语（time，space，music，image，phonetics，spoken language）。具体到字幕翻译主要涉及两个制约因素：时间和空间。[①] 时

① 郦英华. 目的论指导下的美剧字幕翻译策略. 辽宁经济干部学院学报，2009（3）：104～105

间指语言和图像的同步配合，字幕在这方面虽不像配音那么严格，但也必须在和源语话语大致相同的时间内完成信息传递。另外，每行字幕必须在屏幕上停留足够的时间，一般以2至3秒为宜以便观众扫视。空间指屏幕上可容纳的语言符号数目。字幕有时用两行，有时用一行，在字数方面不同国家也有差别。

由于时空的制约，字幕译者常常要采用缩减的翻译策略（deduction）。因此有人便将字幕翻译称为“缩减式翻译”（the reductive form of translation）或“受制约的翻译”（constrained translation）。压缩法在实际翻译操作中可分为三种：浓缩（condensation）、压缩性意译（reductive paraphrasing）和删除（deletion）。浓缩即只译出原文信息的精神要旨；压缩性意译指用较为简短的语句译出原话的意义；删除当然就是完全略去不译了。[①]

例1：《花样年华》

（1）何先生：那好吧。如果做完事情我还没回来，你先走，我来锁门好了。

Mr. He：Leave when you're ready，<u>I'll lock up</u>.

（2）苏丽珍：领带很好看啊！

Su Lizhen：That tie looks good on you.

何先生：你看得出我换了领带？我还以为差不多呢。

Mr. He：<u>You noticed?</u> It's much like the old one.

（3）苏丽珍：麻烦你到前面停一下。

Su Lizhen：Please pull up here!

周慕云：干什么？

Zhou Muyun：Why?

苏丽珍：我在这儿下车好了。

Su Lizhen：I'll get off first.

周慕云：还是我先下吧。

Zhou Muyun：No，<u>let me</u>.

---

① 李运兴. 字幕翻译的策略. 中国翻译，2001(4)：38～40

图7　电影《花样年华》宣传海报

图片来源：时光网

《花样年华》是香港导演王家卫的作品。王家卫的电影台词和场景精简得不多余一个标点符号，更没有一句废话。以上三段对话的译文用字极为节省，表达干净利落。画线部分的译文都省略了宾语。省略了的信息都可以通过人物对白的上下文获得，不会影响观众的理解。而且台词翻译要求言语样式符合人物的身份、个性特征，要刻画人物，表现人物形象。使用压缩性的策略，译文简洁，风格明显，同样能表达主角含蓄、有教养、有地位的形象。图7是电影《花样年华》的宣传海报。

例2：《乱世佳人》

（1）Ashely：Well，isn't it enough that you gathered every other man's heart today？You always had mine. You cut your teeth on it.

艾希礼：今天你赢得那么多男人的心，还不够吗？我的心总是你的。

（2）Scarlett：why don't you say it，you coward？You're afraid to marry me. You'd rather live with that silly little fool who can't open her mouth except to say "yes" "no"，and raise a houseful of mealy-mouthed brats just like her！

思嘉丽：你这个胆小鬼，不敢娶我。你宁可娶那个听话的傻瓜，然后生群傻孩子。

选取压缩法的策略，除为了与电影原语的风格保持一致，还要根据汉语具体的语言习惯与用法和电影的故事情节来翻译。在（1）中，You cut your teeth on it 与前面 you always had mine 意思完全相同，只是后者更加形象、生动，由于空间限制，两行字幕最多显示 20 个汉字，后面的一句被删掉。（2）的场景是思嘉丽在十二橡园对艾希礼告白，被拒绝后情绪愤怒，语气由温柔变得倔强、不服气，语速加快。激烈的争吵，画面转换很快，观众没有时间加工所有字幕，浓缩后的翻译不影响观众的理解。

2. 归化法

电影作为文化传播的一种方式，有着丰富的文化内涵，因而在翻译时不仅是文字翻译，更是文化翻译。在翻译过程中，对于文化因素的处理主要有两种手法：以源语文化为认同的（异化）原则和以目标语为归宿的（归化）原则。由于世界文化的繁荣昌盛是以文化的多样性为基础的，各国各民族都要借鉴异族文化并从中反省自身，所以异化原则现在已占据上风。

但电影翻译又有区别于其他翻译的特殊性，即译文要做到见之于文、形之于声、达之于观众，因而电影翻译要把握好归化和异化的“度”，尽可能保留原文的语言和文化特色。异化程度有赖于媒体对于典故、俗语、比喻等的推广和普及。但译文又不能过于归化，否则会造成原文语言和文化特点的丧失。[1]以下几部中外电影的翻译就采取了归化的策略。

例 3：《大话西游》

（1）如果不能跟我喜欢的人在一起，就算让我做玉皇大帝我也不会开心。

If I can't be with the one who I love, I won't be happy even if I were Heaven Emperor.

（2）唐僧：唉唉唉！大家不要生气，生气会犯了嗔戒的！悟空你也太调

---

① 赵春梅. 论译制片翻译中的四对主要矛盾. 中国翻译，2002（4）：49 ~ 51

皮啦，我跟你说过叫你不要乱扔东西，乱扔东西这么做……你看我还没说完你又把棍子给扔掉了！月光宝盒是宝物，你把它扔掉会污染环境。唉，要是砸到小朋友那怎么办？就算没有砸到小朋友砸到那些花花草草也是不对的呀！

图 8　电影《大话西游》宣传海报

图片来源：百度图片

Don't be angry. You may violate the rule. Monkey King, you're so naughty! I've told you not to throw things! This is wrong to throw things. You've thrown away the stick. Pandora's Box is a treasure. You'll pollute the environment. You'll hurt kids. If there are no kids, it is bad to hurt plants.

香港著名演员周星驰的这部后现代电影表现了古老佛教的因果爱情观，既感动了无数的青年，也为现代爱情的困惑作了巧妙的开脱。因此，电影台词中出现了很多佛教的术语和神话故事的人名。鉴于西方的主流宗教并不是佛教，西方的观众对中国神话故事也未必了解，所以在翻译的过程中，就使用了归化的策略，例如，“玉皇大帝”和“悟空”都是中国古典名著《西游记》里面的人物，前者可追溯得更远：据《高上玉皇本行集经》，玉皇大帝乃昊天界上光严净乐国王与宝月光皇后所生之子。出生之时，其身宝光焰充满王国。幼而敏慧，长而慈仁，将国中库藏财宝，尽散施穷乏困苦、鳏寡孤独、无所依靠、饥馑残疾的一切众生。净乐国王驾崩后，太子治政有方，告敕大臣，俯含众生，遂舍国赴普明香岩山修道，经三千二百劫，始证金仙初号自然觉皇，又经亿劫，始证玉帝。如果使用异化的手段，翻译为“Yu Huang Da Di”，对外国的观众是没有任何意义的。如果用解释的策略，那么短短的字幕又没有足够的时间和空间容纳这么深厚的历史文化，观众也无暇消化。鉴于电影中的玉皇大帝住在天宫，用归化的手段处理为“Heaven Emperor”，那么外国人就能够理解他是“天堂的皇帝”了。同样，“月光宝盒”与“Pandora's Box”（潘多拉的盒子）也有异曲同工之妙。

例4：《功夫熊猫》

（1）We should hand out.

我们该金盆洗手了。

（2）When I was young and crazy, I thought about running away and learning how to make tofu.

当我还是个愤青的时候，曾想过离家出走，学做豆腐。

（3）This is where Wugui unravel the mystery. Focus in harmony. This is the birthplace of Kongfu.

这是乌龟大师参透禅机的地方，两极调和，心无旁骛，这就是功夫的发源地。

图9　动画片《功夫熊猫》剧照

图片来源：百度图片

美国梦工厂的动画片《功夫熊猫》融合了中国元素，从外民族的旁观者角度表达出了“只缘身在此山中”的中国人无法表达的文化精粹。即使他们用了全英文对白，全英文并带摇滚的配乐，由于文化异质而带来的旁观者隔阂却丝毫没有残留。所以，在翻译成中文，给深谙中国文化的中国人看的时候，更要注意归化的策略。例如，画线的英文台词，如果按字面意思直接翻译，就会有如下的译文：“退出”、“年轻而疯狂”、“解开谜团”、“专注于和谐”。这样的翻译中国观众能理解，但电影的风味就完全丧失了。相比之下，（1）中的译文“金盆洗手”显示出中国武林高手的气派；（2）中的“愤青”一词十分地道，又很时尚，符合动画片轻松愉快的气氛；（3）中的“参透禅机”和“两极调和，心无旁骛”使用四字短语结构，不仅符合中文的语言习惯，也符合角色“乌龟大师”德高望重的身份。

3. 抒情法

在电影短短几十年的发展历程中，已经打动了无数观众，有的甚至催人泪下。究其原因，主要是因为电影通过塑造形象鲜明的人物，用生动的故事传递丰富的感情。这么深厚的情感，能够用另外一种语言完全表达出来吗？

麻争旗认为，对影视翻译来说，“情感化”的原则，既是译者在创作过程中所追求的理想境界，也是下笔时锤炼文字、决定取舍的衡量尺度，同时也是鉴赏翻译水平的重要标准。[①] 马建丽认为，情感化原则包含两个方面：第一，译制语言要情感化，具有移情的作用，译者应该能够把原文中原人物在不同时期的情感琢磨透，并用丰富生动的情感语言表现在译文中，从而感动观众，达到原作语言功能的移情目的；第二，译者在翻译时要有情感的投入，要有丰富的思想情感和想象，要像原文作者那样随剧中人物命运、情感的起伏而起伏，也就是说，译制语言首先要感动自己，然后才有可能感动观众。[②]

电影作为文学作品的一个重要范畴，其翻译的过程就和文学作品翻译一样，都需要倾注大量的心血和热情，这也是翻译工作者的基本素质。如果只通过译出的字幕抒发电影不同的情感，这就要求译者不能仅停留在对电影语言表面的理解上，而是要在完全理解电影思想和人物情感的前提下，在翻译的过程中，用细腻的文字传达出人物的真情实感。

例 5：《魂断蓝桥》

Roy：We're going to be married. It's you. It will never be anyone else.

罗依：①我们要去结婚，那就是你，绝不是别人。

②我们现在就结婚吧！除了你，别的人我都不要。

Myra：But how can you tell that？

玛拉：你怎么这么肯定？

Roy：Now listen，darling. None of your quibbling，none of your questioning，none of your doubts. This is positive，you see？This is affirmative，you see？This is final，you see？You are going to marry me，you see？

---

① 麻争旗．影视译制概论．北京：中国传媒大学出版社，2005. 145

② 马建丽．译制片脚本的翻译原则．北京第二外国语学院学报，2006（2）：49

罗依：①听着，亲爱的。不许含糊其辞，不许有疑问，不许怀疑。这是明确的，你懂吗？这是无法改变的，你懂吗？你要嫁给我，你懂吗？
②亲爱的，别支支吾吾啦！别再问了，别再犹豫！就这样决定啦！这样肯定了，知道吗？这样决定了，知道吗？去跟我结婚，知道吗？

Myra：Is that difficult？

玛拉：这很困难吗？

Roy：Well，it might or it might not be.

罗依：也许困难，也许不。

Myra：I feel it's going to be difficult.

玛拉：我看不那么容易。

Roy：A great deal depends upon the petitioner，on the charm of the petitioner，on his ardour，on his eloquence.

罗依：①那得看这个申请人，要看他的魅力，他的热情和口才了。
② 那要看他是怎么恳求啦。要看他恳求的内容，要看他的热情和口才。

以上是罗依向玛拉求婚的几段对话。男方向自己深爱的女方求婚时，其情感都是非常热烈的。罗依非常喜欢玛拉，急切地想同玛拉结婚，而玛拉还在犹豫，这时罗依的感情应该是非常真挚和火热的，他的语气应该是恳求式的。纵观译文①，不像是恳切、急切的罗依在求婚，简直是一个武断的军人在用命令的口气逼婚，丝毫看不出他此时的火热感情！而译文②中，罗依对玛拉的爱慕表现得入木三分。这说明，情感化不但涉及还原人物的感情，还影响到人物形象的塑造。

四、配音电影的译制

配音电影除了要求对剧本进行翻译，还有大量后期的译制工作。例如，配音、字幕、录音等加工手段，把原剧用另外一种语言表现出来。从艺术欣赏的角度看，字幕和配音的效果有着本质的区别：译制片配音是声画统一的、完整的、全息的艺术品，接受者必须全身心投入，眼睛、耳朵各司其职，在自然的视听习惯中获取审美的愉悦。换上字幕片，声音（人物对话）的意义不能用听觉获得，只能用眼睛代劳。虽说人本身有自我调控的能力，但是本来供耳朵听的话语改为让眼睛去读（有好眼力），无论如何都是感觉器官的失调[①]。

早期配音译制领域研究的一位领头人物是伊斯凡·弗多（Istvan Fodor），其1976年出版的英文著作首次综合地从语言学、符号学、美学、心理学等多个角度研究译制片配音问题，是最早较为系统地研究电影译制的专著，奠定了西方影视翻译理论研究的基础。Fodor 提出译制电影在三方面达到“同步”（即我国译配界人士常用的“耦合”）的要求，即“语音同步”、“人物性格同步”以及“内容同步”。同时他还探讨了不同语言和文化体系中身势语的不同意义以及镜头拍摄角度对电影人物话语感知造成的不同视觉效果。由于每个国家的语言和文化都有特殊性和不可替代性，因而译制片很难在各个方面取得完美的同步，“步调殊离”难以避免。譬如他认为，在配译的电影开头确保声画的高度同步非常重要，因为随着观众被电影情节逐渐吸引，他们就不会特别注意声音与口型是否同步了。[②]

电影演员念对白时，受到说话时的口形、表情和身体语言等因素的制约，其中口形的配合是译制配音中的重中之重。如前文所述，中文和英文的语言特点迥异，最明显的就是长度不同。我们在说中文时，每说一个字嘴巴就要动一下，而说英文时，基本上是每个音节就动一下，说完一个英文单词的时候，嘴巴可能动了好几次。因此，为了让口形吻合，译文和原文的长度必须一致，一句话有多少个字的中文，就要翻译成有多少个音节的英文字。例如：“I love you”这句话有三个英文单词，又刚好是三个音节，翻译成中文就是“我爱你”。但如果《乱世佳人》里的这句感动无数爱侣的台词，翻译起来就不是这么简单了。

---

① 麻争旗. 影视译制概论. 北京：中国传媒大学出版社，2005. 7

② Fodor, I. *Film Dubbing: Phonetic, Semiotic, Esthetic and Psychological Aspect*. Hamburger: Buske, 1976. 82

例6：《乱世佳人》

In spite of you and me and the whole silly world going to pieces around us, I love you.

这句话有14个音节，逗号前就有11个音节。如果直接翻译为“尽管你和我和我们身边的世界都粉碎了，我爱你”，不仅音节过多，表达也很累赘。考虑到这是一部爱情电影，男主角讲这句话时应是含情脉脉，语速较慢，所以可以根据音节数和故事情节，作出这样的处理：“哪怕是天荒地老，海枯石烂，我都爱你。”这样，中文的音节也是11个，也符合中国人情感的语言表达习惯。

其实，对于较为简单的语句，求得长短一致并不太难。下面以美国电视系列剧的一集为例。

例7：《亡命天涯》之“目击者”

Mareia：That's me. You're you.

马西妞：你是你，我是我。(对等)

Kimble：Didn't he tell you?

金布尔：①难道他没有跟你说过吗？(过长)

②他没告诉你吗？(相当)

Mareia：Good as new.

马西娅：①和新的一样好。(过长)

②像新的。(对等)

Mareia：What do you think you're doing?

马西娅：①你干什么？(过短)

②你干什么？你想干什么？(相当)

Kimble：I want to thank you again.

金布尔：①我想再一次向你表示感谢。(过长)

②再次向你表示感谢。(对等)

但是，英语的语速普遍要比汉语的语速快，电影的语言又非常生活化，不同的片子语速不同，即使同一部片子中不同角色的语速也不相同，同一个角色也会因为语境的不同而语速不同。而为了让译制片观众听清楚台词，中文配音的语速就不能太快，所以不能简单地根据原文的音节数来确定中文译文的字数。因此，译者必须把握原文中最关键的内容及其与上下文的联系，以及该片中演员的整体语速，某个特定角色的语速和同一个角色在不同语境中的语速，有时还要充当二次编剧的角色：时间太紧的时候对原文内容作适当删减，但必须保留与上下文相关的信息；时间太松时适当增加一点内容，但不能影响原文的整体性，而且必须与角色和当时的语境相符。①

除了译文的字数，讲究的配音更要求在节奏一致的前提下顾及发音与口型的翕张开合一致。如英语中 Come in 一语，开口元音/ʌ/在前，齐齿元音/i/在后，口型先大后小。若译配成口型先小后大的“进来”就远不如以小口型收尾的“请进”更为自然和顺。另外，口型的耦合还要满足原片中许多非言语性口唇声及动作，如气息、亲吻、口哨、歌吟、喷嘴、咀嚼、哈欠、喷嚏、抽鼻、哭笑、呓语等。②

因此，无论是字幕的翻译还是配音电影的翻译，都需要译者在完全理解电影的基础上采取翻译和艺术表达相结合的策略，这样才能传递各种不同语言电影的思想内涵。在翻译的过程中，由于电影艺术自身的复杂性和翻译工作的特征，广大翻译工作者必须不断摸索，寻求最合适的传播方式，成为集“翻译家”和“艺术家”于一体的专家。

【翻译练习】

1. 《大话西游》

曾经有一段真挚的爱情摆在我的面前，我却没有珍惜，直到失去才追悔莫及。人世间最大的痛苦莫过于此。如果上天再给我一次机会的话，我一定会对那个女孩说三个字——我爱你。如果非要在这段爱情前加个期限的话，我希望是一万年。

---

① 赵春梅．论译制片翻译中的四对主要矛盾．中国翻译，2002（4）：49～51

② 麻争旗．影视译制概论．北京：中国传媒大学出版社，2005. 172

2.《狮子王》

（*Endless African plain. The sun is bright, the trees are green and the animals live happily.*）

Mufasa: Look, Simba, everything the light touches is our kingdom.

Simba: Wow!

Mufasa: A king's time as ruler rises and falls like the sun. One day, Simba, the sun will set on my time here and rise with you as the new king.

Simba: And this all be mine?

Mufasa: Everything!

Simba: Everything the light touches! What about that shadowy place?

Mufase: That's beyond our borders, you must never go there, Simba.

Simba: But I thought a king can do whatever he wants.

Mufasa: Oh, there's more to being a king than getting your way all the time.

Simba: There's more?

Mufasa: Simba, everything you see exists together in a delicate balance. As king, you need to understand that balance and respect all the creatures from the crawling ant to the leaping antelope.

Simba: But dad, don't we eat the antelope?

Mufase: Yes, Simba. But let me explain. When we die, our bodies become the grass and the antelope eat the grass, and so we are all connected in the great circle of life.

【参考答案】

1. I have had my best love before, but I didn't treasure her. When I lost her, I felt regretful. It is the most painful matter in this world. If God can give me another chance, I will say three words to her—I love you. If you have to give a time limit to this love, I hope it is 10 thousand years.

2.（一望无际的非洲平原，阳光灿烂，树木葱翠，动物们幸福地生活着。）

木法沙：辛巴，你看，阳光所照到的一切都是我们的国度。

辛巴：哇！

木法沙：一个国王的统治期就如同太阳的起落一样。辛巴，总有一天太阳将会跟我一样慢慢下沉，并且在你成为新国王的时候和你一同上升。

辛巴：这些都是我的？

木法沙：所有的一切。

辛巴：阳光能照到的所有的东西！那有阴影的地方呢？

木法沙：那在我们的国度之外，你永远不可以去那个地方，辛巴。

辛巴：我以为国王可以随心所欲啊。

木法沙：哦，国王并非凡事都能随心所欲。

辛巴：不是的吗？

木法沙：辛巴，世界上所有的生命都在微妙的平衡中生存。身为国王，你不但要了解那种平衡，还要尊重所有的生物，包括爬行的蚂蚁和跳跃的羚羊。

辛巴：但是爸爸，我们不是吃羚羊的吗？

木法沙：是啊，辛巴。我来解释一下：我们死后，尸体会成为草，而羚羊是吃草的。所以在这个庞大的生命圈里我们是互相关联的。

第六章

网络新闻翻译

网络新闻除了兼备报纸新闻、电视新闻的特点，还具备另一个非常显著的特点，那就是新词层出不穷，因此本章重点从模因论的角度分析网络新闻这一特点产生的原因，阐明网络新词的翻译方法。本章的另一个重点是网络语段的翻译，从语境三维度的理论视角，分析如何重现网络语段的语境意义。本章认为，在翻译网络新闻语篇的时候，可以从语用维度、交际维度以及符号维度对原文进行分析，领会原文的内容和思想，再从这三个维度重新组织译文，从而再现原文的语境意义。

一、网络新闻的特点

互联网（Internet）的出现和运用，不仅丰富了人们的生活方式，而且也在大众传播媒介的技术手段上掀起了一轮新的革命。由于互联网上的新闻网站兼具纸质传媒、广播传媒和电视传媒的特色，因而发展迅猛，已成为今天信息时代一种技术含量最高的媒体。1998 年 5 月，联合国新闻委员会在其年会上，正式提出了“第四媒体”的概念，即继以印刷工业为基础的第一代纸质报刊传媒、以无线电技术为基础的第二代广播传媒、以微电子技术为基础的第三代电视传媒之后，新崛起的以信息高速公路和数字化技术为基础的网络传媒。

在今天的互联网上，网络新闻的来源大致可以分为三类：一类是新闻网站；一类是传统传媒主办的新闻网站或者网络版（也称“电子版”）；还有一类是综合性商业网站的新闻网页。网络新闻具有以下六大特点：世界性、即时性、多媒体性、开放性、互动性、丰富性。由于其多媒体性，网络新闻在传播形式上兼具各种新闻媒体的种类和特性。

（一）网络新闻的介质特点

目前，网络新闻的形式最多的还是屏幕显示的文本新闻，因而与报刊新闻很相似，要在互联网上发表新闻，首先要了解显示屏幕（包括电脑的显示器、PDA 的屏幕、智能手机的屏幕、iPad 的显示屏等网络新闻载体，统称“显示屏幕”）的特点。网络新闻的信息是在屏幕上显示的，这里的屏幕就相当于纸质传媒的纸。但是，这张“纸”既没有对开大报那样的版式，也没有四开小报那样的篇幅。尽管可以拖动浮标，每屏显示的信息也有限，最多不过千余字，一般一屏只能显示一条新闻。一张对开报纸以五号字计算，一个版的理论数字就是 1.3 万多字，可以同时登载多条新闻。屏幕的特点在于层层剥笋，用鼠标“点击”，可以像打开一扇扇门那样层层深入。

（二）网络新闻的语言特点

对于网络新闻来说，其标题也就相当于超链接指示，每篇新闻都被隐藏在一个超链接地址的后面，只有点开这个超链接才能看到新闻的全文，标题对于新闻的主要作用不言而喻。而在信息近乎泛滥的互联网上，要使得新闻不被湮没，就必须在标题上下足工夫。

网络新闻标题设计应做到以下四点：一是要清晰准确地说明一个新闻事实；二是要突出一条新闻中最为重要的新闻因素；三是要强调一条新闻中最新的变动；四是要揭示新闻中最为本质的变动意义。在制作网络新闻标题中有两点特别需要注意：一是不要使用卖弄的、夸张的、过分渲染的词汇制作标题，因为在快速阅读中，这类标题难以让读者准确地了解新闻的真实内容，甚至会让读者百思不得其解；二是不要使用隐喻、暗喻、比喻手法在标题中“标新立异”，因为这样的标题可能会造成读者理解上的障碍，甚至会误导读者。

网络新闻的导语和概要要便于检索。一些新闻网站或者网页通常会为重要新闻准备一定的篇幅，用以显示该新闻的内容提要。这种提要有时与消息的导语类似，有时则有所不同。关键在于，这种提要是该篇新闻内容的精要表达。搜索引擎已经成为人们检索网上信息不可或缺的重要工具。当使用者从搜索引擎上看到一个网页的链接时，搜索引擎上展示的对这个链接的简要说明应该能够保证他们可以立刻准确地了解这个网页的内容，清晰地判断这个网页与他们的需求之间的联系。为了使新闻信息最本质的内容能够在搜索引擎上清晰地显现出来，网络新闻应该使用能够引起人们注意的词汇和简洁的句式制作导语；如果是长篇的报道，则要使用能够引起人们注意的词汇和简洁的句式制作一个概要，将其置于这一页面的最前端；导语和概要描述必须准确反映全文的内在联系及本质含义；不要用夸张和浮华的语言描述导语和概要，要把精力集中在事实上。

（三）网络新闻的文章架构特点

网上读者阅读新闻的主要方式为扫描式阅读。在这种阅读方式下，要想保证读者能够容易、清晰、准确地捕捉新闻的核心内容，网络新闻一是要将重要的新闻因素用最清晰的文字方式描述出来，再就是要对重要的新闻因素进行合理排列。在网络新闻中，要注意突出显示关键词，避免去强调整个句子或是一个段落，因为扫描状态中的眼睛一次只能掠视两三个词；注意用一个段落描述一个主要的内容，用另一个段落去描述另一个内容；要注意用最重要的事实或者是观察的结论作为这一页新闻的开始，在处理文字较长的新闻时，应该为它写一个简短的概要；要高度简洁地表述最为重要的事实；将最重要的新闻要素置于最前；要想方设法让读者感到你提供的信息对他们有用。准确、简洁、突出,这三个要求在新闻主体的构造过程中需要同时达到。

二、网络、新闻传播和翻译的关系

对网络翻译的研究，我们应首先理清网络、翻译和传播之间的关系。一方面，网络的特点影响着人们（主要指网络上的译者）如何在网络的环境下进行翻译。通常情况下，网络上的材料对受众具有信息性、注目性、及时性、快捷性和价值性，而所有的这些特点都决定着网络翻译将会不同于我们以往所熟悉的笔译和口译。另一方面，网络上翻译的特殊方式，在某种程度上还会对网络中信息的选材有所影响，因为网络翻译工作者必须要考虑到信息的可读性和可译性。总而言之，网络、网络翻译和网络传播彼此作用，相互促进。

（一）网络技术对新闻传播和新闻翻译的影响

自从1946年第一台电子计算机诞生以来，世界就进入了一个新的时代。20世纪80年代以后，电子计算机技术每18个月就会经历一次彻底的更新换代，而每一次换代都会给我们的工作和生活带来很大的改变，并且向我们展示它更大的发展潜力和空间。美国国防部高级项目研究署于1973年开始了一项研究工程，试图探究和发展不同机器间网络模块连接的技术。美国国家科学基金会在1986年又推出了NSFNet（国家科学基金网络），这也是现在我们因特网传播服务中的一股中坚力量。此后，很多网络及连接协议相继问世，其中普及性最高的一种便是我们最为熟悉的万维网（www），它已被大多数国家所接受。如果说电子计算机把我们领入了一个新的世界，那么网络则使我们现在的世界变得越来越小了。

网络已经逐渐发展成为世界传播的第四大媒介，它的特质体现在以下四个方面。首先，网络有着惊人的速度，这就保证了各种信息在全球范围内传播的及时性。其次，网络的容量接近无限。在网络上，一张光盘就可以存放一家报纸一年的信息，同时保证了网络传播信息的全面性、完整性。再次，网络有着很强大的技术支持，这大大有利于网络传播事业的发展。例如，网络浏览软件、下载软件、搜索引擎、交互平台等，为人们提供了很好的信息接收环境。最后，网络传播有着很强的即时性，其即时刷新技术大大提高了信息传输的及时性。

上面所提及的有利于新闻传播发展的网络特点，同时也左右着网络翻译的方式。首先，网络的惊人速度要求尽可能快地完成网络翻译，这也是保证网络优势所必需的。否则，即使源语信息报道得再及时，语言还是会把信息和受众分离开来，网络传播的快捷性也就无从谈起了。其次，网络的“无限”信息量决定了网络翻译任务的繁重性，同时其表达形式也增加了它的完成难度。网络翻译的作品是要通过网络以文字的形式出现在读者眼前的，所以其翻译质量（可读性和准确性）是不能忽略的；同时，网络技术的不断刷新和传播的即时性要求翻译者随时处于备译状态中，为受众提供最近最新的信息。这与我们以往坐在书房里不慌不忙地翻译，“一名之立，旬月踯躅”（严复《天演论》译序）是截然不同的。

（二）网络新闻传播与网络新闻翻译的相互影响

网络传播从属于新闻传播事业，自然会受到传播学科理论的影响。但网络翻译对网络传播的制约也是不容忽视的。考虑到前文提到的网络翻译的种种特点，我们必须将网络传播的信息选材问题与这种特殊的翻译方式很好地结合起来，使其能够真正成为信息传输的工具和文化交流的桥梁。由于网络翻译对时间的要求十分严格，所以网上选择出来进行翻译加工的信息应该具有明显的即时性和可译性。即时性是由新闻传播理论的需要所决定的，而可译性则基于对网络翻译特点以及网络翻译人员工作情况的考虑。为了保证翻译的质量和缓解翻译人员的压力，信息和材料的可译性已慢慢成为一种影响网络选材的附加尺度。既然网络是一种传递信息的媒介和工具，网络上的翻译就毫无疑问会受到网络传播信息的影响。一方面，网络上的新闻来自世界各地，而各个国家民族之间的语言文化差异为传递信息带来了一些问题。对于这些问题，网络翻译必须发挥它连接不同文化的桥梁功能，逾越不同文化之间的鸿沟。为达到这一目的，网络翻译的过程和方式都会或多或少地受到所译材料内容的影响。例如，如果美国的报纸报道了“法轮功”在美国的一些活动，那么在把这些信息翻译成中文的过程中，译者就必须特别注意行文的措辞，从而表现出鲜明的立场，以适合中国新闻传播的大环境。这是传播翻译受政治因素影响的原因。当然，对网络翻译有制约作用的不仅仅是政治，诸如宗教信仰等问题同样使这种特殊的翻译方式有别于其他的翻译方式。另一方面，因为网络翻译是对所传递新闻信息的一种再创作，所以我们要尽量保证译文与原文在内容、精神以及形式上保持一致。事实上这几方面的一致也正有利于我们达到传播特点对翻译的要求。此外，对于那些相似新闻和材料的翻译来说，精确性也是相当重要的，因为在这些材料的译文中，词汇的选择很关键，它直接决定着译文是否仍然保持原新闻的信息性、注目性和价值性。

（三）网络新闻翻译研究的重要性和必要性

当代网络等高新科技的发展速度惊人，使得从事人文科学研究的学者很难准确把握其现状和发展前景。但是，如此的困难和阻碍并不意味着我们可以轻视或放松关于这方面的研究；相反，网络新闻翻译研究的重要性和必要性在社会发展和实践活动过程中愈发明显，不容忽视。首先，这是时代发展的需要。当代的高科技大大地推动了新闻传播的进步，为了使社会各方面均衡发展，出现在网络和新闻传播中的新的翻译方式必须得到相应的研究和发展，跟上时代的步伐。其次，这是促进民族间交流、拉近各国人民距离的需要。电脑和网络把我们带入了一个信息爆炸的时代，同时拉近了不同民族之间的距离，促进了各民族的文化传播。随着电子多媒体技术的出现和发展，网络以其强大的优势和鲜明的特点逐渐在传播领域得到普及，并慢慢成为信息传送的一种全新的方式——第四媒体，发挥着越来越重要的作用。然而，语言和文化的差异影响了第四媒体的受众对外国或外文信息的把握。这就要求翻译研究必须充分发挥其桥梁作用，尽可能缩小甚至消除这种差异。最后，这是翻译理论发展的需要。网络的出现为新闻翻译提供了新的平台，同时赋予翻译新的特点。对于这种新翻译形式特点的探讨，既是时代赋予的任务，也是完善翻译理论的要求。

（四）网络新闻翻译的策略

那么，译者该如何进行网络新闻翻译呢？

第一，译者需要了解网络新闻翻译的目的应该是满足读者的需求。此外，传统的翻译理论要求任何形式的翻译都要准确地传递原文的信息。此双重目的的理念应该贯穿于整个实践过程，译者不能偏离这样的指针和方向。

第二，网络翻译活动的选材是新闻的译者或者翻译委托人规定的原材料，因为翻译委托人肯定会根据潜在受众的需求来选择文章和信息，或者是译者自己根据译文读者的需求选择原材料。另外，由于不同的网络媒介上新闻传播往往都会有不太一致的侧重点，体现在翻译选材方面，则要求所选材料要符合或贴近网站的主题。

第三，在网络新闻翻译的过程中，译者应该重点考虑读者的需求和期待，这个特点是由翻译的最终目的以及翻译活动本身决定的。一方面，翻译实践把译者摆在了原作者与译文读者中间，翻译人员当然既要顾及原文信息的传递，同时更要注重读者的要求和“口味”，从而决定选择什么样的翻译方法和策略以满足受众的需求。另一方面，网络翻译是以读者为导向的，其目的就在于满足读者的期待，这一点在译者进行翻译的过程中始终起着“导航”的作用。

第四，因为网络翻译工作是一个“源语信息→译者→读者大众”的传播过程，接触原始资料的只有少数翻译人员，所以他们在新闻信息传播过程中全面地承担起理解原文的责任。即使在理解上出现了困难，译者也必须采用各种方法解决，务必做到理解准确，不可以把错误信息带到译文当中误导大众。

第五，在明确翻译目的并仔细考虑读者需求的基础上，译者在翻译过程中还要选择适当的翻译方法、策略以及翻译方式。在方法策略选择上，原文的信息和文化、文法特点以及译文读者的阅读习惯等因素都应得到足够的关注和考虑，之后再决定是选择直译、意译、解释性翻译还是其他的翻译方法。在翻译形式的取舍上，应译文受众的需求和网站主题的需要，又由于网络传播针对性强的特点，网络翻译形式常常以变译为主，译者可以酌情选择：如完全翻译、编译、译写、摘译等。例如，一个展览会的网上宣传材料，它面对的读者一般都是展览行业的专业人士，他们只对展览召开的基本信息感兴趣，在这种情况下，译者只要对全文作出准确的摘译即可。

第六，网络对新闻翻译最显著的影响就是翻译工具的选用。网络新闻翻译的服务对象是数以亿计的网民，他们具有与传统新闻读者十分不同的特点。网民通常要求更快、更方便地获取自己感兴趣的信息，这就要求译者应采纳更方便、更快捷的翻译工具。在信息时代，翻译工作人员自然应采用至少一种网络特有的翻译工具，如网上搜索、在线翻译软件、电子词典等，而传统的词典则退居二线，成为辅助手段。

三、网络新闻翻译实例解读

在具体的翻译实践中，我们要从词、句和语段这三个层次来注意网络翻译的特质。

（一）网络新词的翻译分析

新词的翻译可能是非文学译者和职业译者面临的最困难的问题。新技术带来了新事物，传媒界不断出现新思想。Peter Newmark 给“新词”的定义是“新创造的词汇或是那些获得新意义的现有词汇”。网络词语中有很多生造词，如：

BBS 的斑竹：不是 BBS spot master 的意思，而是翻译成 BBS Manager

大虾：不是 big shrimp 的意思，而是翻译成 warm-hearted person

菜鸟：不是 vegetable bird 的意思，而是翻译成 rookie

童鞋：不是 the shoe of kids 的意思，而是翻译成 classmate

网络词语中有很多生造词汇，这些新词中，大部分的字面意义和实际意义相差甚远，这些词汇都是从另一个形式相似的词汇转变而来的。语言学上把这种现象称为“模因”。模因这个概念是牛津大学动物学家 Richard Dawkins 1976 年在其著作《自私的基因》中提出来的。而模因论（Memetics）是基于达尔文进化论的观点解释文化进化规律的一种新理论。它试图从历时和共时的视角对事物之间的普遍联系以及文化具有传承性的进化规律进行诠释。模因论中最核心的术语是模因。[①] 其英文为“meme”，是从“gene”一词改造而来的。模因从广义上来说就是通过模仿而自我复制的意思。

模因作为文化基因，靠复制、传播而生存，语言是文化的心脏，自然而然成为模因的载体之一。处于网络环境中的网络语言的模因繁殖有着自然语言所无法比拟的优越条件。网络传播的速度以及它精确的复制功能可以使一个新的模因在极短的时间内传播至网络的各个角落。以上的几个词汇就是得以迅速、广泛传播的网络语言中极少的一部分。“BBS 的斑竹”是由“BBS 版主”复制过来的，“大虾”是由“大侠”复制过来，“菜鸟”的原始信息是“新手”，“童鞋”是广东口语化之后的“同学”。另外，一些特别流行的网络语言如“青蛙”、“菌男”的原始信息是“丑男”，前者意指丑陋的癞蛤蟆（想吃天鹅肉），后者作为“俊男”的同音反语；“恐龙”、“霉女”的原始信息是“丑女”，前者表示“丑得像侏罗纪公园中难看的动物”，后者则是“美女”的同

---

① 何自然. 语言中的模因. 语言科学，2005（6）：54～64

音反语；“天才” =“天生的蠢材”，“公鸡” =“公家的计算机”，“偶像” =“令人作呕的对象”等。网络语言的异形传递往往与原始信息的发音近似。“美眉”源于台湾腔的“妹妹”（有认为此称亦表容貌姣好之女性）、“水饺”的原始信息是“睡觉”。汉语在网络上会复制为汉语拼音字母缩略或用数字取代，也有按原来的英语词语音译，复制成为汉语的新词或表达一个新的意义，如“拍马屁”与复制的“PMP”同义；“弟弟” =“DD”，“妹妹” =“MM”；“email”被复制为音译的“伊妹儿”，“modem”（调制调解器）复制为“猫”；“亲亲你”、“气死我了”、“不要生气”分别复制成数字“770”、“7456”、“8147”等。所有这些异形传递的模因，其原始信息也都是不变的。

因此，在翻译网络新词的时候，往往要意识到模因现象，找到词汇的原始信息，再把真正的意义翻译出来。

同时，网络传播中字眼的翻译随着时间的推移也会发生变化。例如，“Internet”在最初是被翻译成“国际互联网”，后来被译为“互联网”，而现在则被称为“因特网”了。

（二）新闻语句的翻译分析

The South Africa government is considering delaying Nelson Mandela's release from prison because of concern about current unrest, newspapers said on Monday.

这句新闻最开始被翻译成“报纸消息：南非政府由于担心政局不稳，考虑推迟释放纳尔逊·曼德拉出狱”。但是当人们掌握了南非的政治背景以后，原翻译被改成“报纸消息：南非政府鉴于当前出现的动荡局势，考虑推迟释放纳尔逊·曼德拉出狱”。

在国际新闻传播过程当中，翻译肩负着沟通异国文化的责任，使各国人民彼此增进了解。因此，准确是对翻译最基本的要求。要做到翻译准确无误，翻译人员应该有广博的知识面，并经常关注社会、政治、文化、教育等方面的最新热点。落实到翻译实践中，译者应该结合自己的知识储备和现有的网络资源进行了解，掌握所译材料的背景知识。上述例子中，之所以会出现误译，正因为译者缺乏对南非当时政治背景知识的了解。

（三）网络新闻语段的翻译分析

Israeli forces raided Palestinian President Yasser Arafat's Ramallah compound on Monday, just hours before Israeli Prime Minister Ariel Sharon was due to meet President Bush in Washington. Local Palesti nian residents said at least two dozen tanks, armored personnel carriers and jeeps thrust into the West Bank city of Ramallah shortly before dawn, covered by helicopters hovering overhead and bursts of machinegun fire.

A Palestinian policeman was killed by Israeli gunfire during the raid, Palestinian security sources said. Palestinian information Minister Passer Abed Rabbo said Arafat was in the compound but was safe. Israeli has repeatedly said it does not intend to harm the Palestinian leader. Residents said armored Israeli bulldozers were destroying the ruins of building damaged in a similar Israeli raid last week that was launched after a Palestinian suicide bomber killed 17 people, including 13 soldiers, on a civilian bus. An Israeli military source confirmed there was an operation underway in Ramallah and said it was aimed at "arresting militants and destroying the terror infrastructure." The source said the operation would be "limited in duration" and was similar to numerous other Israeli raids into Palestinian ruled cities which have taken place on an almost daily basis.

（www. yahoo. com, February 11, 2002）

这是一条来自路透社的新闻。一般情况下，网络媒体中的翻译不是向学生提供翻译教材，其目的在于将新闻信息的内容、意义传达给异国受众。由此看来，网络翻译比任何其他翻译形式都更具创造性，而且这样做可以相对缩短工作时间和减轻工作负担，但这并不等于译者可以天马行空般地对原新闻进行随意改写，翻译网络新闻的时候，译者也要考虑各种文本内和文本外的因素，特别是语境因素的影响。

语言的使用离不开语境，任何篇章都是一定语境的产物。翻译，作为两种语言之间以传达语义为主要目的的语言交际活动，在很大程度上依赖语境，正如 Peter Newmark 所说：“语境在所有翻译中都是最重要的因素。”对于翻译活动来说，对语境的理解与否将制约着翻译的成败。理解原文必须紧扣语境，反复琢磨，译语表达也必须密切联系语境，选择恰当而得体的表达方式。语境这个术语是由波兰籍人类语言学家马林诺夫斯基（Malinowski）于 1923 年提出来的，并指出语境是决定语义的唯一因素。那么什么是语境？如何对语境进行分析，并用来指导翻译呢？

语境是形成语言表达并反过来受语言表达制约的文本外环境。不同的理论家对语境的分析提出了不同的方法。哈蒂姆在语域分析理论的基础上，提出了语境有三个维度的观念，即交际维度（institutional communicative transaction）（谁对谁说话）、语用维度（pragmatic action）（什么目的）和符号维度（semiotic action）（通过何种社会文化符号）。[①] 在篇章外部结构分析中，要从这三个维度下手，交际维度分析语场（field）、语式（mode）、语旨（tenor），语场是指发生什么事，语式是指什么人参与，语旨是指什么样的交际方式。语场与语旨的重叠体现篇章的正式程度（formality），语旨与语式的重叠体现了功能语式（functional tenor）。语用维度从言语行为、隐含意义、预设等方面分析作者的意图。符号维度主要分析体裁、话语、篇章，体裁决定语场，话语决定语旨，篇章决定语式。但是话语本身在文本内部和文本之间存在互动，管制该互动的原则就是互文性。具体如图 10 所示：

① Hatim, B. *Communication Across Cultures—Translation Theory and Contrastive Text Linguistics.* 上海：上海外语教育出版社，2001. 22 ~ 23

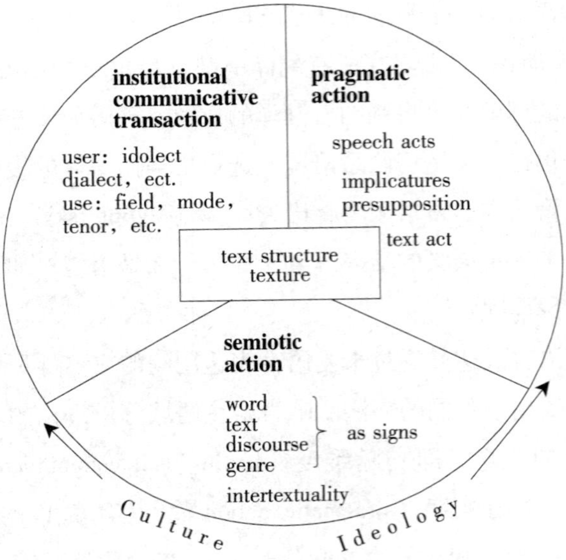

图 10　语境的三个维度

翻译可以看做是一个从原文到意义到语境，再在译文中从语境到意义再回到语篇的过程①。

这篇新闻在新浪网上的翻译如下：

以色列坦克和装甲车10日清晨在两架直升机的掩护下，再次开进约旦河西岸巴勒斯坦城市拉姆安拉，围困了巴勒斯坦民族权力机构主席阿拉法特的官邸，打死了一名巴勒斯坦武装人员。据目击者说，以军进占拉姆安拉后立即在部分城区实施戒严，再次包围阿拉法特的官邸，数辆以军大型推土机开始破坏本已残缺不全的官邸外墙，几栋在4天前以军炮轰后尚完好的建筑被冲进院内的几辆推土机完全捣毁。目前，以军没有对官邸发动火力进攻。以军方称，这次军事行动的目的是逮捕巴激进组织的成员，破坏巴恐怖分子的基础设施。此间分析人士认为，以军在以总理沙龙即将与美国总统布什会晤时采取这一军事

① 杜洪峰．哈蒂姆和梅森的语境维度论对英汉篇章翻译的启示．长春师范学院学报，2008（11）：119～123

行动，将会加剧该地区的暴力冲突。

（www. sina. com. cn，2002 年 2 月 12 日）

原文分析：

（1）原文语境的交际维度。

语场：以军包围阿拉法特官邸

语旨：正式的官方新闻通讯社（路透社）向英文听众传递信息

语式：新闻报道方式

（2）原文语境语用维度分析。

该新闻语篇行为（text act）意图之一在于让读者了解巴以冲突的新情况。

巴勒斯坦目击者用“at least two dozen tanks, armored personnel carriers and jeeps thrust into the West Bank city of Ramallah shortly before dawn”（至少 24 辆坦克、兵员运输车、吉普车）描绘当时情景，其言语行为（speech act）的目的在于暗示读者以色列军队对巴勒斯坦的强大凶残的攻势。

（3）原文语境符号维度分析。

从互文性（intertextuality）的角度看“Israeli forces raided Palestinian President Passer Arafat's Ramallah compound on Monday, just hours before Israeli Prime Minister Ariel Sharon was due to meet President Bush in Washington”，对巴以冲突感兴趣的读者就会去关注以总理沙龙与美国总统布什会晤的内容，会揣摩以色列和美国的关系或去考察巴以冲突的历史资料等。

译文分析：

从交际维度上看，译文与原文的最大差别在于交际参与者的改变，译文的受众是中国网民。在符号维度上，中国的文化背景和政治立场也不同。因此在这段翻译当中，我们可以看出译者在翻译的过程中考虑受众和文化背景以及各国政治立场的差异。例如，在描述以军的攻击时，译员没有提及阿拉法特是否受伤，但是在原文中我们可以清楚地找到相应的文字。如此的翻译也表明了中国在巴以两国间的冲突问题上采取的中立态度。

仔细对比上面两段话语，在中文译文中我们可以清楚地看到两个特点：第一，译文比原文在篇幅上短一些。这是内容选择在网络翻译中的体现，同时也从侧面显示出网络翻译人员有意缩减繁重的工作量的趋势。第二，译文在结构和内容的顺序上完全不同于英文原文。从这一点我们可以推想译员的工作步骤：先通读文章，领会内容与思想，之后依据原文用自己的语言重新组织文章，表达相同的意思。

第七章

广告文本翻译

广告是为了实现某种需要，通过某种形式的媒体，公开而广泛地向公众传递信息的宣传手段。因此广告语一般以读者为导向，呼唤功能比较突出，并且具有大众化的特点。本章试从语言顺应论的角度，从广告商标品牌、广告标语、广告正文三个方面，解析如何在广告翻译中顺应不同文化广告对象的思维模式、消费心理和审美倾向等，从而唤起广告对象心中隐藏的购买欲。

一、广告的结构和语言特点

（一）广告的结构

在中国，广告起源甚早。战国时期的《韩非子》一书中有“宋人有沽酒者，升概甚平，遇客甚谨，为酒甚美，悬帜甚高”的记载。中国近代的广告，出现于清光绪三十二年发行的《政治官报》。在欧美，最早的广告出现于17世纪的英国报纸。

广告的定义，是随着时代的变迁、商品生产和商品交换的发展而不断演变的。“广告”一词源于拉丁语“adverture”，意为唤起大众对某种食物的注意，含有“通知、诱导、发布”的意思。这个词在中古英语时代被吸收演变为“advertise”，词义也得到了扩展。17世纪中后期，资本主义产业革命前夕，英国开始了大规模的商业活动，商品经济日趋活跃，商品宣传紧锣密鼓地开展起来，广告大量出现，“广告”一词因而得以流行开来。

从语言结构的角度看，广告分为言辞性（verbal）和非言辞性（nonverbal）两大类。前者包括标题、正文和标志（即标语和商标等），后者则包括图像、色彩和版面设计。报刊等印刷媒体的广告语言注重字体和图表的运用，电影、广播电视等电子媒体的广告语言则重视语音和音韵的表现。

中英文商标广告作为一种文化现象，广泛存在于社会生活中，商标的命名翻译是否巧妙，对企业产品的宣传、推销、美化人们的生活等各个方面起着重要的作用。

广告文案或文稿的语言结构基本包括广告主［商标（trademark）和品牌（brand name）］、标题（headline）、标语［广告语或口号（slogan）］、广告词［正文（body text）］和解说词（随文或附文）。

广告主的商标和品牌的命名是否巧妙对企业产品的宣传、推销、美化人们的生活起着重要的作用。就如中国民间谚语所说，“不怕生错命，只怕改错名”，广告所推销的产品的名字至关重要。虽然广告策划人员无法改变广告主产品的名字，但是，其广告设计必须配合和突出产品的品牌，特别需要通过对品牌商标在文化和艺术上的阐释来传递广告的信息。

广告标题往往放在广告之首，是整个广告最重要的部分，意义似乎是广告文稿的缩影，就好比故事的主题用以吸引读者看完内容一样，引起消费者的兴趣，或者与新闻导语相似，都是为了揭示主题、激发联想和引起消费者的注意。

广告标语和广告标题很相似，广告标语的要求是文句简短恰当，文意明确，既有创意，又有趣味，容易记忆。二者最大的分别在于广告标语是“集中表现企业理念、产品或服务功能并被长期重复使用的精练的口号性文句”，而广告标题则会经常更换。

广告文稿的主体部分是正文，主要将商品概念转化为文字描写，即扮演解释标题的角色，既对商品作具体介绍，也说明商品的优越性。至于解说词，是广告的一种附加信息，包括广告主和企业名称、购买地址和联络方式等。

广告随着媒体的不同，表达形式也不同，有些广告甚至将标题和标语合二为一，只有牌号，没有正文，但一样吸引人。整体上讲，广告标语和广告词的写作，都是为引起消费者一系列的反应。

根据以上对广告的认识，同时考虑到本书主要是传媒翻译研究，着重探讨翻译策略和方法。因此，本章只研究印刷媒体广告的文字语言，并把广告文本分为广告主（商标和品牌）、标语和正文三部分，按照各部分的特点以及相关的翻译原理进行讲解。在此之前，先探讨广告的语言特点。

（二）广告的语言特点

广告的语言与广告的性质有着密切的关系。通过图案和语言树立各组的独特形象，广告用标新立异、独树一帜的手法来体现其个性特点，其手法的运用既超出常人的想象，又在情理之中。为了达到宣传效果，广告的语言有以下三个明显的特点。

第一，简短易懂。无论从现代社会快节奏的生活来看，还是从广告传播的特点以及人们对广告语信号的记忆规律看，广告的语言必须简单、精短、易懂、容易上口。科学研究认为，人们在短时间内的记忆容量最多只有 5 ~ 9 个信息单位，这就要求广告的创作者必须用最少的语言表达最多的信息。例如，“Just do it. 只管去做”（耐克运动鞋）。耐克通过这个主题的系列广告和篮球明星乔丹的明星效应，迅速成为体育用品的第一品牌，而这句广告语正符合青少年一代的心态——要做就做，只要与众不同，只要行动起来。再如，“Ask for more. 渴望无限”（百事可乐），“The taste is great. 味道好极了”（雀巢咖啡），“Keep walking. 一路向前”（尊尼获加酒）等，这些广告标语不仅字数都不超过五个，符合人类的记忆规律，而且朗朗上口，传播率自然就高。

第二，导向性强。广告语具有很强的目的导向性，从而引导受众消费，树立品牌形象。一方面，广告通过宣传广告主的性能、功效、特点、促销活动等激发受众的兴趣，激发其购买的欲望，使广告主达到销售产品、获取利润的目的。例如，“M & Ms melt in your mouth，not in your hand. 只溶在口，不溶在手”（M & M 巧克力）。这是著名广告大师伯恩巴克的灵感之作，堪称经典，流传至今。它既反映了 M & M 巧克力糖衣包装的独特 USP，又暗示 M & M 巧克力口味好，以至于我们不愿意使巧克力在手上停留片刻。又如，“Mosquito Bye Bye Bye. 蚊子杀杀杀”（雷达牌驱虫剂）不仅充分显示出产品的功效，还体现出人们急于杀灭蚊子的需求，导向强烈而明确。另一方面，随着人们对产品和劳务需求观念的改变，人们的需求大多不再局限在商品的使用价值上，而是开始追求心理上的满足。他们的注意力从注重商品的质量和价格转移到注重企业的形象。因此，广告标语必须要给广告主塑造形象。例如，“Let's make things better. 让我们做得更好”（飞利浦电子）展现了广告主作为当年 500 强中赢利最多的电器集团对技术创新的关注；又如，“The Relentless Pursuit of Perfection. 专注完美，近乎苛求”（雷克萨斯汽车）表达了汽车制造这个高端行业应有的品质追求；“Striving today for all your tomorrow. 为你现在，做好未来”（中银集团）符合广告主帮助客户理财管理和规划人生的业务形象。

第三，印象深刻。随着媒体的蓬勃发展，人们接受的信息排山倒海般扑面而来，特别是那些五花八门的广告，更是使人目不暇接。因此，广告创作者要使自己的作品在受众的脑海中留下深刻的印象显得越来越困难。然而，始终有很多杰出的广告，通过优化语言来提高表达效果，使人回味无穷。这就需要驾驭语言的能力和技巧，给人以美的感受。例如，“The Diamond is Forever. 钻石恒久远，一颗永流传”（图 11）。这则全球最大的钻石供应商和零售商戴比尔斯的经典广告语让无数中国人认识了钻石，也懂得了钻石能够代表忠贞不渝的爱情。这则广告证明经典的广告语总是丰富的内涵和优美的语句的结合体，从另一个层面把爱的价值提升到足够的高度，使人们很容易把钻石与爱情联系起来，这的确是最美妙的感觉。当然，这种语言艺术需要很多技巧，本文接下来将从词汇、句法和修辞三方面探讨中英文广告的语言差异和文化差异。

图 11　戴比尔斯的钻石广告

图片来源：百度图片

另外，从语意的角度看，广告语言的特色在于它的褒奖性；从言辞结构的角度看，则在于文句简短、文意明确，文句组成恰当、富有创意，既有趣又容易记忆。为了追求最大的经济效益，广告文本的基本要求是内容和篇幅的结合要恰到好处，资料真实而且每项保证和说明都有依据，同时内容与广告的目标、主题和商品卖点相关。有些广告为了追求标新立异或进行促销，夸大其词，效果反而不好，因为消费者抱着好奇心和期望去尝试新产品，最后发现广告所吹嘘的与事实不符，以致失望和放弃。

二、中英文广告词的语言对比

（一）词汇特征对比

1. 单音节动词

英文的广告为了引人注目又言简意赅，多采用单音节的动词，诸如 buy，

come，ask，go，get，give，save，need，like，love，know，look，use，keep，choose，feel，start，taste 等。这类单音节词简洁有力、通俗易懂，其含义要么与消费者对商品的态度有关，如 love，like，need；要么能反映消费者和商品之间的关系，如 take，keep，choose，taste，feel，buy，get 等。这些动词基本上是站在消费者的立场上使用的，目的是要打动消费者，激起他们的消费欲望，唤起他们的消费冲动，最终选择或购买广告商所宣传的产品。如“Buy one，get more.”这则汽车销售广告中，“buy”和“get”是两个简单的单音节动词，直截了当地将广告商与消费者之间的双边活动表现了出来。既反映了广告商的诚意，又使消费者产生简单、快捷、实惠的感觉，从而增添了买卖关系的可信度。

中文广告里的动词也是短小精悍，它能支撑起整句话语的架构。例如，“摇出清凉感受”（普达冰杯）中的一个“摇”字，其表情达意功能很强，起到了画龙点睛的艺术效果。如果以形容词或名词等其他词扮演语法中动词的角色，那效果会更佳，如“新鲜每一天”（光明乳业），“无线你的无限”（英特尔）和“春兰空调，均匀股市冷暖”（春兰空调）。通过词性的变换，广告词就更有新意，容易吸引受众的关注。

2. 形容词

英语广告中的名词多为商品或商标名称，因此常借用有褒义的形容词或具有积极肯定意义的评价性形容词（evaluative adjectives）来修饰和标榜商品的优点。根据 Geoffrey Leech 的统计①，广告英语中出现频率较高的形容词有：nice，good/better/best，great，new，fine，rich，delicious，fresh，clean，real，beautiful，crisp，free，big，full，sure，easy，bright，extra，safe，special 等。另外，广告中经常大量使用形容词的比较级和最高级以突出推销的产品优于同类或以往的商品。如“The most unforgettable woman in the world wear Revlon.”是化妆品露华浓的广告词，广告既没有直接说 Revlon 是世界上最好的化妆品，又抓住了女性爱美的心理，让人产生购买的欲望。

中文的广告，同样喜欢用形容词，但词汇则惯用二字形容词或四字成语。

---

① Leech，G. N. *Advertising in English*. London：Longman，1966

二字形容词的广告有“有一个漂亮的地方，万科四季花城”（万科），“喝汇源果汁，走健康之路”（汇源果汁），“科技让你更轻松”（商务通）等。另外，中文广告的形容词也经常用“好”、“更好”和“最好”。例如，“方太，让家的感觉更好”（方太橱具），“要想皮肤好，早晚用大宝”（大宝护肤品），“康师傅方便面，好吃看得见”（康师傅）等。四字成语的广告如“万无一失，无师自通”（文曲星电子字典），“口腔卫士，舍我其谁”（华素药片），“嘘寒问暖”（三荣空调），“一马当先”（双鹿电器），“博大精深”（西门子）等。四字成语所表达的概念和内涵比较丰富，几个字就能表达一个复杂的意思。可以说成语作为一个表达单位，在中文广告宣传中所传播的信息是很丰富的，可以起到以一当十的作用。

3. 复合词

英语的复合词因为构词比较灵活，组合限制少又用途广，因此广告创作者往往利用各种新词，以起到画龙点睛的作用，如 brand-new，round-the-clock service 和 state-of-the-art。由于复合词的构成成分可以是任何词类，其组合不受英语句法在词序排列上的限制，既灵活又短小，因此，广告语便充分发挥复合词的这种优势，使之成为广告英语的一大特色。而且，大多数的复合词在广告中起修饰作用，如 ancient-modern combinations，这则古董店的广告运用了复合词来宣传自己的特点，简单明了，重点突出，让读者过目不忘。

中文的广告语经常用叠词。所谓的叠词，就是单音节词或双音节词的重叠使用，它可以起到加强语气，增加诗词韵味的作用。例如，“缕缕浓香，缕缕温馨“（麦氏咖啡），“上上下下的享受”（三菱电梯），“酸酸甜甜就是我”（蒙牛酸酸乳），“高高兴兴上班去，平平安安回家来”（公益广告），“甜甜大白兔，宝宝心爱物”（白兔糖），等等。

4. 外来词

外来词在英语的发展中，由来已久，一些来自法国、意大利的外来词，如 fantastique（fantastic），eau de parfum（perfume），ristorante（restaurant）等，是化妆品和餐馆所常用的，一方面为这类具有民族风情的商品带来一种传统、正宗的感觉，另一方面也增添了异国情趣。如“Yopliat Yogurt Est Fantastique”，这是一则酸奶的广告标题，其中“Est Fantastique”相当于英语的“is fantastic”，突出该酸奶与众不同的美妙口味，让人产生品尝的欲望。

汉语中的外来词很多都来自英语，如浪漫（romantic）、乌托邦（Utopia）、摩登（modern）、嘉年华（carnival）、梵阿铃（violin）等。这些外来词同样给中国的受众带来异国情调，更好地表现出广告的格调和内容。例如，“一种可以世袭的古典浪漫”（建业房产），展现出该楼盘古典的欧陆建筑风格。

5. 文字游戏

英语的广告词具有丰富的“文字游戏”特色，可以利用拼写变异的（abnormal spelling）、生造的（coinage）单词和词组，如 steelastic（steel + lastic），pictionary（picture + dictionary）。这种“文字游戏”往往给人以耳目一新的感觉。看到这种富于创造性的广告词，人们自然而然地期待着其宣传的产品也具有新奇独特之处。如“The Orangemostest Drink in the World”中，“Orangemostest”是由“Orange + most + est”构成的，巧妙地表明了这种橙汁饮料质量之高。另外，英语单词还可以利用错拼，达到标新立异的效果。很多优秀的广告语故意把某些大家所熟悉的字或词拼错，或者加上前缀或后缀合成新词，以达到新颖别致、耐人寻味的效果。如“We kwow eggsactly what you want（我们确实了解您的需要）”这则鸡蛋广告里有一个明显拼写错误的单词“eggsactly”，然而这恰恰是作者的匠心独运之处。这个词与“exactly”在读音方面相似，拼写也相近，用它既可以表达副词 exactly 的强调作用，又可以巧妙地突出 egg，可谓一举两得。虽然错拼词与原词形态不同，但意义仍然存在，这既可以达到生动有趣和引人注意的目的，又可以有效地传播商品信息。

另外，广告创作者还可以借鉴古典诗词的写作方式，创造出新的带有古典意味的诗词句子。例如，“人间重晚晴，共享老来福”（贵州老来福口服液），“悠悠岁月酒，滴滴沱牌情”（四川沱牌曲酒），“空杯尚留满室香”（贵州茅台酒）。类似的“文字游戏”涉及各种不同的修辞方法，本章将继续详细探讨。

（二）句法特征对比

中英文广告在句法上比较相近，具体有以下特点：

1. 简单句

简单句结构简明，语言风格口语化，对产品的特性、作用进行充分描述，重点突出，生动达意。特别是言简意赅的肯定陈述句，在广告中陈述事实、表达情感、创造意境和形象，通常可将产品或服务的特性、功能、效用、形象表达得真真切切。如：

我们一直在努力。（爱多）

我们正在努力。（艾维斯）

学琴的孩子不会变坏。（三叶钢琴）

We integrate，you communicate. （Mitsubishi）

We lead. Others copy. （Aficio Copier）

2. 感叹句

中英文广告中有许多短语或省略句以惊叹号结尾，节奏感强，很有力量，起到了强调信息、表达感情、突出重点、激励消费行动的作用。值得注意的是，有些短语只有加上感叹号成为感叹句之后才具有明确的意义。如：

爱的就是你！（娃哈哈）

My Goodness！My Guinness！（Guinness）

3. 祈使句

中英文广告中的祈使句比比皆是，其目的就在于提出请求、建议或劝告，从而唤起消费者的信心，达到促销的目的。英语的广告词一般没有 please 这样表示礼貌婉转的词，也一般没有表示客气、缓和祈使语气的情态动词（如 could，would 等）。英国著名语言学家 Leech 对此作了最好的说明：广告撰稿人自然而然地认为，公众习惯于接受祈使句表达的有益于他们的劝告、勉励和指令，所以他们大量采用祈使句来达到成功劝说的目的。[①] 如：

Don't look back. （Sisley Eyewear）

Obey your thirst. （Sprite）

不要太潇洒。（杉杉西服）

消除口臭。（李德林漱口药水）

4. 疑问句

在广告中频频出现的疑问句往往是先提出问题，再进行解答，这种问答形

① Leech，G. N. *Advertising in English.* London：Longman，1966. 80

式使句子结构得到简化，发人深省，往往可以让消费者产生兴趣，进而予以重视和作出反应。这样，传媒与公众之间的信息交流处于一个互动的过程，使广告语言的表达更为晓畅有力，容易使公众理解和接受。如：

Art you a Cadbury's Fruit and Nut case?（Cadbury）

China? The FedEx team delivers. （FedEx）

What moves you?（Cathay Pacific）

世界在你眼中?（新浪网）

人类失去联想，世界将会怎样?（联想）

明天的明天，你还会送我“水晶之恋”吗?（水晶之恋果冻）

5. 直接引语

在自我吹嘘的广告世界中，直接引语又开拓了另一种境界，无论由名人做代言人还是由专家现身说法，都给人以真实、确信的感觉，起到广告建立消费者信心的作用。以下的例子中都含有中外名人的名字和引语：

Nicole Kidman. My Choice. （OMEGA）

省优，部优，葛优?（双汇火腿肠）

（三）修辞特征对比

广告文案为了达到引人注目的效果，经常使用文学中的修辞技巧，使得原本简单的语言产生了独特的效果。中英文广告常见的修辞手法是比喻（明喻、暗喻、转喻或借代、提喻）、拟人、对比、双关、排比和押韵等。

比喻：拿两个食物的相似点打比方，使语言描述更为形象、具体，让公众产生好感。以下例子的画线部分就是两个具有相似点的食物，其中一个就是广告主：

The airline that's smooth as silk. （泰国航空公司）

创意似金，敬业如牛。（金牛）

拟人：把人以外的物当作人来描写，赋予物以人的动作或思想感情，赋予事物以生命，使描述更具活力，别开生面。以下广告词的画线部分展现了广告对象的人的特征：

It may be your car but it's still your baby. （汽车）

它不会背叛你。（布鲁斯鞋业）

对比：衬托描写两个事物，或一个事物的两个不同方面。以下例子的画线部分，通过强烈的对比，衬托出广告主鲜明的特色。

The world's local bank. （HSBC）

臭名远扬，香飘万里。（臭豆腐）

双关：使话语具有双重意义，言在此而意在彼，一种是表面意义，一种是隐含意义。如：

Spoil yourself and not your figure. （Weight-Watcher）

这是冰淇淋的广告标题，这种冰淇淋是专为节食者生产的，"spoil"是双关所在。"spoil oneself"意为"尽兴"，而"spoil one's figure"则意为"破坏了体形"。

中意冰箱，人人中意。（中意冰箱）

很明显，"中意"是电器产品的名字，后句的"中意"是"满意"的意思，表现了产品的受欢迎程度。

排比：把意义相关，结构相同或相似，语气一致的一连串的词、词组或句子排列在一起，营造声势，集中突出广告主的形象或特点。如：

Call it Wrigley,

Call it Spearmint,

Call it Gum—Wrigley. （口香糖）

选择《读者》，

也就选择了一类优秀文化，

一种新的视野，

一位人生的好友。（《读者》杂志）

押韵：相同或相似的韵脚，包括头韵（alliteration）和尾韵（rhyme）两种，使用了押韵的广告词读起来朗朗上口，极富节奏感，令人印象深刻，从而打动消费者，刺激其购物欲望。如：

Performance, Prestige, Passion for Innovation. （Breitling）

人头马一开，好事自然来。（人头马）

三、广告文本翻译

（一）中英文广告的文化差异

广告语言是广告的核心内容。社会文化影响并制约广告语言及其表达，广告语言则蕴涵或反映社会文化。语言是民族的语言，广告存在于一定的社会之中。一个民族的哲学观念、思维模式、文化心理、道德观念、生活方式、风俗习惯、社会制度、宗教信仰等都必然会对广告语言产生作用。所以，任何一个社会的广告语言都不可避免地反映社会文化的各个方面。

首先，从哲学观念上看，中文广告强调群体、贬抑个体。我国大多数的广告词十分精辟，往往以寥寥数语勾画出商品或服务的特征和优势，注重创造其总体形象，一般不很注重产品或服务的特点、优点。如“创新就是生活”（海信电器），“农夫山泉：有点甜”（农夫山泉），等等。我国广告存在不突出个性的特点，这似乎也与中华文化中追求群体一致性，反对个体特殊性的传统思想有关。与此相反，突出个体和个性是西方哲学观念的一个重要方面。英语包括广告英语从小到大的表达顺序则是这一哲学观念的具体反映。英语广告特别注重对产品或服务的特性、特征进行缜密入微的描述，特别突出其个性或与众不同之处。如“Performance that transcends time”（Shanthi Gears Limited），“No one knows Asia Pacific like we do”（DHL），等等。

其次，从传统习俗上看，广告反映出一个国家的文化底蕴。在广告中经常会出现谚语活用或习语套用现象，个别字句也能折射出文化习俗。如汉语中的“龙”被古人视为权力、地位和尊严的象征，古时候被制成图腾加以顶礼膜拜。但在英语中，“龙”（dragon）却被认为是口喷毒火、身长双翼的凶残怪物。正因为文化释义的不同，所以“柯达”胶卷在美国的广告词是“My son kill his last dragon”，画面是一个小男孩手执宝剑，面带满足的笑容，这在美国人看来是一种成功的标志。而在崇尚大家庭和大团圆的中国，“柯达”广告的画面则是一家几口的合家福，其乐融融，广告词是“享受这一刻”！

再次，从文化心理上看，不同民族的人表现出不同的文化心理。在某些广告词中，我们认为那是违反了人们文化心理的不雅之辞或不雅行为，西方人却习以为常，完全可以接受。例如，中西文化对“性”的定位和理解有差别。

性的宣传散见于各类西方大众媒体之中。英语广告有时把产品的宣传同色情或性生活密切联系起来，以增加产品的诱惑力。这样的广告若在我国广而告之，无疑会超越一般人的文化心理承受能力。我国广告法明确规定禁止有挑逗或性诱惑的画面和内容，即便是要涉及与此有关的内容也会以婉转含蓄的隐蔽形式来表达，如以下几个与性有关的广告语："做女人挺好!"（丰胸），"没有什么大不了的"（丰胸），"如同情人的手"（避孕套），"幸福生活，我有一套"（避孕套广告）。这些广告语都是用含蓄的表达方法（如比喻和双关等修辞手法）来传达产品的特征，这样才能被中国的受众接受。

当然，随着全球化程度的加深，各民族之间的文化和思想不断交流、相互影响和渗透，很多中国的广告也开始向西方学习。例如，"想知道'清嘴'的味道吗?"（清嘴含片），这则广告中，"清嘴"和"亲嘴"发音相近，该产品的电视广告中也出现了少男少女对"亲嘴"的误解，在文字上和视觉上都具有挑逗性，刺激受众神经。姑且不论这种情况是好还是坏，但翻译工作者在翻译广告文本的过程中，必须了解中西方文化的共性和差异。特别是广告语中含有的"文化词"，往往构成翻译的难点，必须采取灵活合理的翻译策略，使信息得以传递。

（二）广告文本翻译

广告翻译基本上属于媒体翻译的范畴，归属"读者主导"或者"消费者主导"的文体。因此，广告翻译并非纯文字的翻译，而是意念上的转移和诠释，是一种因为实际需要而故意给原广告灌输本来没有的意义的一种传达方法。广告翻译人员基本上也可以说是一个搞创作的撰稿人，作为源语广告与目标语销售地消费者的中介，他们对语言选择的创造性比一般翻译人员更大。"选择"是顺应理论的一个关键词语。顺应理论（Verschueren，1999）是对语言在各个层面的使用提出的一种综观理论。该理论认为语言使用的过程就是一个不断进行语言选择的过程，语言使用者之所以能够在使用语言的过程中作出种种恰当的选择，是因为语言具有变异性、商讨性和顺应性的特征。

语言的变异性指的是语言具有一系列可供选择的可能性，这就意味着一个源语文本可能对应几个不同的目标语文本；商讨性指的是所有的选择都不是机械地或严格按照形式—功能关系照搬的，而是在高度灵活的原则和策略的基础上完成的；顺应性指的是语言能够让其使用者从可供选择的项目中作灵活的变通，从而满足交际的需要。

根据顺应论，我们对语言的使用和解释要考虑以下四个方面：

（1）语境关系的顺应（contextual correlates of adaptability）。

（2）语言结构的顺应（structural objects of adaptability）。

（3）顺应的动态性（dynamics of adaptability）。

（4）顺应过程的意识程度（salience of adaptation process）。

语境可分为交际语境和语言语境，其中交际语境包括物理世界、社交世界和心理世界。正如上文所示，广告翻译不单是两种语言的转换问题，而且也是跨文化交际活动，其中涉及目标语文本国家的历史文化背景、社会规范和生活习俗及价值观等问题，这些都是交际语境的重要内容。因此，交际语境在翻译商业广告时是必须优先考虑的因素。源语广告文本可能是褒义的，如果翻译后的目标文本是贬义的，显然就无法传达源语文本的交际目的，这就是由社交世界和心理世界因素在不同国家和文化中的差异造成的。

这就要求译者在翻译商业广告时，首先要顺应目标语文本国家文化中的消费心理和审美倾向，然后才能在语言层面上作出顺应。例如，宝洁公司的洗发露“Head and Shoulder”，如果直译为“头和肩”，中国的消费者不仅无法把译文和洗发水联系在一起，而且很难对该产品产生兴趣。译者应在目标语文本中为中国消费者体现洗发露这一产品的功能，另外还要消费者产生对美发的追求心理。所以该产品意译为“海飞丝”，这顺应了消费者对头发的美好憧憬，使人联想到在一望无际的大海边，少女飘逸、柔顺的秀发随海风飞扬的画面，自然会引起消费者的购买欲望。

除了顺应交际语境，还要顺应语言结构。汉语的语言讲究形象的应用，讲究使用四字词语的对称美。如“Good to the last drop.”（麦克斯威尔咖啡）的译文是“滴滴香浓，意犹未尽”。如果直译为“好喝到最后一滴”，虽然译出了意思，但是译文少了中文的对称美，不能传达原广告语的意图，更谈不上表达效果了。另外，“Elegance is an attitude.”（浪琴表）的两种译文——“优雅是一种态度”和“优雅态度，真我性格”相比，显然后者更胜一筹。

因此，广告文本的表达不仅建立在原语和译语两种文字的共性和个性上，而且还要考虑到跨文化的因素。广告的翻译要注意以下三个方面：①要考虑广告商品原产国和受众国之间文化的共性和独特性，包括彼此的宗教信仰、风俗习惯、价值观念、民族情操、文化或教育程度、政策法规、消费观念等。②要考虑两个国家之间语言的共性和独特性，其中包括彼此的用语习惯，因为广告用语修辞与一个国家的语言习惯和生活经验密切相关。③要理解广告的实务运作、商品的特征和定位，以及广告本身的特点。这样在面对广告原文时方能摆脱原文表面的形、意局限，运用观察力、联想力，发掘广告的文本性，一方面，充分利用其中的目的性、可接受性、资讯性、相关性和互文性，与广告商品受众国的当地文化和语言联系，加以创新塑造；另一方面，结合个别文化的特异性，除了文学中的互文性关系，也要思考历史、地理、政治、经济和其他学科中的互文性作品。通过这种互文关系构建一个诠释性的框架，然后利用译语在语音、语义、文字形式和修辞方面的表现，把原语广告的目的与功能转译和再现。这种广告意念的再现需要灵活地利用译语特有的修辞手法，巧妙地运用上述的相关文本，并考虑到当地消费者的实际生活习惯和需要，富于创造性地把广告的意象表达出来。

四、广告文本翻译实践

（一）广告商标品牌的翻译

在商标广告的变化发展中，语言是最具表现力的手段。因为当人们向他人推荐某种商品时，更多地依赖语言表达。广告语言不只是单纯的商业语言，而是集文学、美学、心理学、广告学、市场营销学和消费行为学等学科为一体的鼓动性艺术语言（loaded artistic language）。要把这种艺术语言在广告商标品牌的翻译中展现出来，必须注意以下三点：

1. 了解商标所蕴涵的文化内涵

与中文商标一样，不少英语商标也具有丰富的文化内涵，大大激发了人们的兴趣，加深了对商品的印象。例如，“carefree”是一个女性卫生用品的名字，含有“无忧无虑、轻松、愉快”之义，翻译为“娇爽”就十分恰当，顺应了中国女性的心理。又如，北京四通集团公司的产品商标“四通”译为“Stone”，因为在源语中，“四通”含有“四通八达，无所不能”之意，既象征尖端的科技、灵敏的信息，也象征广阔的市场。另外，从音上来看，这个单词“Stone”为单音节词，响亮易读；从形上来看，这个翻译简单明了；从意义上来说，顺应了“A rolling stone gathers no moss”（滚石不生苔）的意义，这个翻译做到了音、形、译的完美结合。

2. 理解语音和构词规则

广告商创造的新词、怪词用以暗示所指商品的性能与特征，能产生一种引人入胜的效果。这些新词和怪词都是根据一定的语音规则，或故意错拼产生了某些词，从而吸引消费者的注意力和激发他们的购买欲望。例如，“Timex”是由“time”和“excellent”组成，强调手表报时的准确性。把它翻译为“天美时”，既符合中文和英文的语音规则，又能传达手表英文品牌的内涵。再如另外一个手表的名字“Rolex”。它是由“rolling + excellent”构成，其中“rolling”特别说明了手表内部的结构和耐用的特性。同样，“劳力士”这个中文名字也突出了这一点。

3. 运用修辞手法

广告命名翻译中，要想在如林的广告中独树一帜、引人注目，增强语言的艺术性和感染力，离不开修辞手段的运用和发挥。这一点与语用学、修辞学范畴里的注意价值（value of attention）和新奇价值（value of surprise）不谋而合，即利用文字巧合别出心裁，吸引读者。多数商标命名和翻译是采用了音译与意译并重的方法，并运用双关、谐音、拟人、夸张等修辞手法，使商标表达得更加形象生动。例如，“Peak”（匹克），既揭示出产品质量的优良，又希望奥林匹克运动能达到最高点；“Clean-clear”（可伶可俐），不仅通过押韵的方式使广告语朗朗上口，还符合人们使用该美容产品后希望变得美丽伶俐的心理诉求；“Pantene”（潘婷），既说明这种洗发水含有多种维他命，又通过拟人的修辞让人联想到一位美丽的黑发女郎。

（二）广告标语的翻译

本章前几部分已经在说理的过程中列举了许多广告标语的翻译，为了避免重复，现选取两则特征明显的例子进行简要说明。

例 1：你不理财，财不理你。

If you leave “Managing Money” alone, Money will manage to leave you alone.

这则《理财》杂志的广告语实际上是在玩弄文字游戏，其效果有点像绕口令。这类翻译的切入点就是要突破关键词“财”，在英文中也用“Money”与之相对应，并让英文的标语也像绕口令一样押韵。

例2：I chocolate you.

爱巧克力呦。

这是LG公司一款手机的广告语。该手机通体黝黑，方方正正，乍看很像一块巧克力。而这款机型的英语广告标语也恰如它的造型。中文的译文在理解原文内容和功能目的的基础之上，发挥译语优势，仿写原文以尽量实现原文的目的和功能。

（三）广告正文的翻译

广告正文是广告作品中介绍产品的主要说明文字，文字篇幅可长可短，都是为了展现产品的主要功能和特点。现引用丁衡祁和李克兴所举的两个例子①，详细分析翻译时需要注意的地方。

例1： 茅台一开，满室生香。

国酒茅台，源远流长。

Maotai—a vintage liquor

A VIP treatment which diffuses the finest aroma.

A national favor that won a 1915 diploma.

(Originated in 135 B. C.)

说茅台酒源远流长是指在公元前135年，茅台镇就酿出了使汉武帝“甘美之”的酒，因而盛名于世。公元1915年，茅台酒荣获了在美国圣弗朗西斯科举行的巴拿马太平洋万国博览会的金奖，并先后14次荣获国际金奖，同Scotch Whiskey和French Cognac一起成为世界三大名酒。这条广告语在翻译的

---

① 丁衡祁．翻译广告文字的立体思维．中国翻译，2004（1）：75～80；李克兴．论广告翻译的策略．中国翻译，2004（6）：64～69

时候，要作一点变通，采取意译。原文中“茅台”出现两次，这是一个不足之处，在译文中应该加以避免。关于开酒瓶，如果是香槟酒，可以生动地翻译成“pop open”，但对茅台酒就不合适了。“国酒”如果翻译成“a liquor of national status”或“a liquor for state banquets”都太长，它可以用“national favor”（全国宴会用酒首选）来代替。而 VIP treatment 则是款待贵宾的意思。“源远流长”如果翻译成 has/with a long history 就显得太过平淡，不如将它具体化，指出它早在 1915 年就已经得过大奖，同时在括号中注明它源自公元前 135 年。在形式上，把“茅台酒——陈年佳酿”作为标题，主体部分还是分作两行，大体上对称，而且让芳香 aroma 和证书 diploma 两个词互相押韵。

例 2：**What's in a name**?

It sounds ordinary on paper. A white shirt with a blue check. In fact, if you asked most men if they had a white shirt with a blue check, they'd say yes.

But the shirt illustrated on the opposite page is an adventurous white and blue shirt. Yet it would fit beautifully into your wardrobe. And no one would accuse you of looking less than a gentleman. Predictably, the different white and blue check shirt has a different name. Viyella House. It's tailored in crisp cool cotton and perfectly cut out for city life. Remember your name next time you are hunting for a shirt to give you more than just a background for your tie.

On women and children's wear as well as on men's shirts, our label says quietly but persuasively—all there is to say about our good quality and your good taste.

Our label is our promise.

译文：名牌推荐

英国人以其衬衫的风度闻名世界。其知名品牌就是维耶拉衬衫，它以精纺棉布为面料，由英国维耶拉品牌精心裁制，质量上乘，畅销世界。维耶拉特此郑重地承诺：蓝格白底，是白马王子的首选，风度翩翩，惹来窈窕淑女的青睐。穿上维耶拉，男人闯天下。穿上维耶拉，生活真潇洒。维耶拉还请您关注同名出品的妇女和儿童服装，百分之百的一流品位，百分之百的质量保证。

通过“编译”的方法，译文显得更精炼，读起来朗朗上口，更符合中国人欣赏或接受广告的习惯。由此可见，编译也不失为广告翻译的一大策略。就其实用性而言，这类策略最适合因载体改变而需要改变体裁的广告，如原文稿是为电台听众而撰写的，如今需要变成印刷广告。此外，倘若原文稿完成时间较早或是为不同文化的受众所创作的，如今再次启用已时过境迁，所以改写改编才是可行的策略。

【翻译练习】

1. Her smile could heat up a nation. Her fragrance captured a country. （香水）
2. DHL worldwide express：the Pulse of Business. （快递公司）
3. Hi-fi，Hi-fun，Hi-fashion，only for Sony. （音响）
4. Come to where the flavor is. Marlboro Country. （香烟）
5. We take no pride in prejudice. （《泰晤士报》）
6. 衣食住行，有龙则灵。（建行龙卡）
7. 有了南方，就有了办法。（南方科技咨询服务公司）
8. 我的浪漫是红色的，我的笑容是洁白的。（口香糖）
9. 一册在手，总览全球。（《全球杂志》）
10. 非常可乐，非常选择。（可乐）

【参考答案】

1. 迷魂牵魄笑貌，倾国倾城芳香。
2. 商业命脉，随我而动。
3. 索尼音响——高保真、高享受、高时尚。
4. 光临风韵之境——万宝路世界。
5. 对于有失偏颇的报道，我们并不引以为豪。

6. Your everyday life is very busy; Our Long Card can make it easy.

7. Where there is South, there is a way.

8. Rosy romance only comes with pearl-white teeth.

9. With a copy of *The Globe* in your hand, the world unfolds before you so grand.

10. Extraordinary Cola. Extraordinary Choice.

第八章

新闻发布会的翻译

新闻发布会是媒体获得新闻的一个非常重要的途径。新闻发布会的语言针对性和时代性很强，有的甚至表现出明显的政治倾向性和社会意识形态。本章主要就新闻发布会对外宣传材料和新闻发布会发言这两种文本的翻译进行探讨。在翻译对外宣传材料时，译者要注意跨文化交际问题；至于新闻发布会发言的翻译，本章将从巴黎学派的代表人物——塞莱斯科维奇的口译三角形模式和波赫骇克的口译情景交际模式来分析译员对意义的处理以及口译过程中的各种角色问题。

一、新闻发布会与对外宣传

（一）新闻发布会概况

新闻发布会是一个社会组织直接向新闻界发布有关组织信息，解释组织重大事件而举办的活动。从英文的角度看，新闻发布会翻译为“press conference”，其中“press”一词在英语中就含有媒体、记者的意思，所以新闻发布会在很多情况下也被称为“记者招待会”。

新闻发布会的参与者包括发布者、主持人、发言人及其翻译、点名人和媒体工作者。各个参与者各司其职而又相互影响。

首先，发布者处于整个传播过程的主导地位。在大部分情况下，信息的发布者就是举办新闻发布会的组织者，或者是组织者邀请的相关部门专家等。其次，在小规模的新闻发布会中，主持人和发言人经常是一个人，主持人与点名人也可以是一个人。再次，新闻发言人无疑是新闻发布会的主角，是信息的发出点，也很容易被媒体当作新闻源。而发言人的翻译，在国际性新闻发布会中起着重要的作用。翻译实质上不是信息源，只是信息源的一个多语言编码器。但翻译的水平直接决定了信息的准确度，这一点在传播过程中至关重要。最后，记者通过参加会议和提出问题，获得需要的信息，然后才进行相关的报道。

新闻发布会按具体划分的标准主要有以下四类：

第一，根据发布者属性来分，可以分为官方新闻发布会和非官方新闻发布会。官方新闻发布会的翻译人员都必须经过政府部门的严格培训，紧跟形势与政策；非官方新闻发布会的翻译人员可以是自由职业者、兼职译员甚至是在校学生，但他们同样必须具备良好的业务素质。

第二，根据发布者的构成来分，可以分为单方面新闻发布会和双边联合新闻发布会以及多边集体新闻发布会。由于这些活动多数由国家元首或者政府首脑参加，往往伴随着备忘录、协定、条约等文件的签署，所以翻译人员通常是由政府部门培养的。

第三，根据发布信息的频率来分，主要有例行新闻发布会和根据特定事件召开的不定期新闻发布会。中国政府外交部自 1982 年起实行的每周例行的新闻发布会，以及全国人民代表大会期间召开的政府首脑新闻发布会（经常被称作“总理中外记者见面会”）和外交部长新闻发布会，不仅吸引了中外媒体的关注，其文本也成了翻译人员和英语爱好者的练习材料以及传播学、语言学和翻译学等领域的研究对象。本章也会选取相关文本进行详细分析。

第四，根据发布者发布的内容来分，主要有狭义的新闻发布会和非新闻类发布会。前者是针对一般大众，后者是针对特定人群。例如，一些企业或营利性组织举办的产品发布会，就属于非新闻类发布会，这种发布会也遵循新闻发布会的一般规律。

基于以上对新闻发布会的认识，并根据传媒翻译普遍的研究范围，本章只论述由政府机构组织的官方新闻发布会。官方的新闻发布会不仅涉及传播学的知识，更涉及国家对外宣传和政治外交工作，对翻译工作者的要求因此会更高，不像上文所述的电影、广告等翻译工作者那样有较大的灵活性和创造性。在探讨这种复杂的翻译工作之前，有必要先了解新闻发布会在大众传媒和国家外宣工作中的特点和性质。

（二）传媒、新闻发布会与对外宣传

新闻发布会的特征包括传播范围广、影响范围大、传播迅速，具有时效性，有助于针对具体事件或活动起到解释说明或宣传的作用，是大众传媒的重要组成部分。

新闻发布会及其制度起源于西方，学界对新闻发布会及其制度的产生原因有两种不同的观点。第一种观点认为，现代新闻发言人或定期新闻发布会制度在西方始于19世纪后半叶，真正完善起来则在20世纪70年代。它是新闻界长期以来积极争取人民知情权斗争的结果，因而成为人民了解权力机关活动的窗口①。这种观点认为，新闻发布会产生的主要原因在于公众知情权、媒体和政府之间对于信息的争夺。第二种观点认为，新闻发布会是信息发布者有意识地发起的。支持这种观点，就等于承认了官方新闻发布会是政府公共关系框架内的一部分，主要由政府有组织、有意识地引导媒体和舆论，使其服从、服务于政府的意志。

在中国古代的信息传播活动中，找不到与新闻发布会性质相同的活动，主

① 陈力丹. 新闻发言人制度的再认识. 传媒观察，2004（6）：19

要是因为中国古代的社会生产力水平和信息传播水平都还远远没到产生新闻发布会这样的传播活动的地步。但还是可以找到一些与当代新闻发布会功能相似的信息发布活动。无论是唐代的进奏院状还是宋代以后的邸报，都是一种自上而下的官方信息发布制度的产物。特别是宋代宋太宗太平兴国六年（公元981年）以后，"稿件的采集、编辑、整理、审定等环节，则逐步地由中枢部门接管"[①]，封建中央政府加强了对信息发布的控制。尽管这与宋代封建王朝的高度集权有关，但可以看出，对于信息发布的权威性、统一性，古人早有意识。

中国的新闻发布会起源于外交部。1982年3月26日，时任外交部新闻司司长的钱其琛，在当时外交部主楼门厅处举办了外交部第一次新闻发布会。后来，在探索中逐渐建立起定期的新闻发布和信息沟通制度。这在当时改革开放的形势下，是为了满足对外宣传的需要建立起来的。2003年12月16日，中国国务院新闻办公室一年一度的新年招待会上，政府首次将各部委的新闻发言人介绍给新闻媒体，并公布他们的联系方式，初步建立了新闻发言人制度，更好地服务于国家的对外宣传工作。

对外宣传是国家外交事务的重要组成部分，而一个国家的外交事务是其内政事务的自然延伸。因此，在外交活动中，官方举办的新闻发布会经常发挥重要的功能，包括表达国家的外交政策，澄清对于特定双边和多边事务的立场和态度以及争取国内国际的媒体舆论，树立国家形象。而新闻发布会运用于外交事务的特殊性在于：新闻发言人（外交部新闻司官员）面对的记者中有大量的境外媒体记者。一方面，这些记者对于中国的内政外交，在很多情况下都不是非常了解；另一方面，这些记者又都是来自境外各地的主要媒体，是影响国际舆论的重要因素。中国国家形象的塑造，除了依靠国内的媒体对外传播之外，自然也离不开这些境外媒体记者的参与。

既然有境外媒体记者来参加中国的新闻发布会，那么就必须有专业的翻译工作者解决信息交流的问题。这些翻译工作者主要包括笔译和口译工作者：笔译工作者通常负责翻译新闻发布会前期的外宣材料和会议新闻稿；口译工作者负

---

① 方汉奇，张之华．中国新闻事业简史（第2版）．北京：中国人民大学出版社，1995. 11～12

责翻译发布会当场的各方发言。媒体记者根据采访搜集到的相关信息，编写新闻报道，再通过报纸、杂志、电视、广播、网络等传播途径报道给广大受众。

由于本书前几个章节已具体论述了多种传媒文本的语言特点和翻译策略，本章节主要探讨新闻发布会外宣材料的笔译工作和各方发言者的口译工作。

二、新闻发布会外宣材料的翻译

（一）新闻发布会外宣材料的语言特点

外宣材料一般使用书面语言，文本材料涉及诸多领域，信息量大，以客观叙述为主，同时又使用一些表现力较强的语言手段，以此来加强宣传的感染力，因此宣传文本呈现出多语体性的特点。宣传材料既有程式化，又有形象性；既有逻辑性，又具有情感性；既有客观的阐述，又有主观的评价；行文简洁却又意义完整、明白易解；信息量大却又节约用词。

为了增强文章的气势，宣传资料中经常会出现一些排比句、对偶句，使文章显得铿锵有力，主题更为明显突出。其实，汉语向来以文辞修饰和意境悠远见长，在各式各样的文章中经常出现大量华丽优美的辞藻以及形式各异的修饰语，同义反复现象更是频频出现。

（二）新闻发布会外宣翻译特点

东西方文化之间和意识形态之间存在巨大差异，西方人在理解中国文化和意识形态等方面存在诸多误区和偏见。在这种背景下，如何恰当地利用翻译策略，做好对外宣传工作，就成了外宣翻译工作者必须研究的一个课题。

在外宣翻译这样正式的跨文化交际中，必须充分重视语言风格和思维方式的差异，准确掌握礼貌尺度，深入了解有关的社会政治背景，坚定自己的立场，这样才能真正将原文所要表达的意思在译文中精确而又生动形象地表达出来，使人们更有效地接受信息。在进行涉及我国的政治、经济、军事、外交等重大策略问题的对外宣传翻译工作时，必须考虑到国外受众在思维、心理习惯、信息需求和言语表现方式等方面与我国有较大差异。因此，如果使用异化翻译策略，很容易使得受众对其缺乏认同，从而导致宣传失败。事实上，许多外宣报道不符合实际和境外受众的心理，用内宣的思路、方式和口号去做外宣工作，使国外受众不仅对我国媒体报道的具体事实将信将疑，而且可能对我国媒体的整体公信力产生质疑乃至反感。因此，在翻译此类文稿时，除了要遵循“信、达、雅”的标准外，外宣文献翻译工作者还须遵守“三贴近”的原则，即贴近中国发展的实际，贴近国外受众对中国信息的需求，贴近国外受众的思维习惯。[①]

然而，尽管使用归化的策略能确保准确性，但译者不能走极端。有些翻译人员为了少犯政治性和常识性错误，在政治文献翻译中采取保守策略，甚至习惯于“play safe”，逐字翻译，而不是在透彻理解原文的基础上大胆追求最传神的表达。翻译过程中的加工，很重要的一点就是对原文中蕴涵深厚文化特色和政治色彩的词句进行简要说明，以便读者能准确地理解原文的意义。这一点在对外宣传中显得尤为重要。

（三）新闻发布会外宣材料翻译实例

例 1：形成广纳群贤、人尽其才、能上能下、充满活力的用人机制

to form a dynamic personnel mechanism under which we can gather large numbers of talented people, put them to the best use and get them prepared for both promotion and demotion

“能上能下”原译文“to ready to accept a higher or lower post”这个理解不完全准确。“能上能下”不仅指不论职务高低都愿意去做，尤其指担任了较高职务之后，也愿意去做较低职务的工作。可见，从事政治翻译，对有政治含义的词句，特别是涉及大政方针、领土、主权的问题，要多从政治方面进行深入解读并掌握好分寸。

例 2：不辱使命、不负重托

live up to the mission assigned to them and the full trust placed on them

译文增加了“assigned to them”和“placed on them”，如不加字，则句子

① 黄友义. 坚持“外宣三贴近”原则，处理好外宣翻译中的难点问题. 中国翻译，2004（6）：27～28

不完整，不好懂，“使命”和“重托”的意味就出不来。因此，政治外宣材料的翻译必须吃透原文的精神，摆脱中文句型的束缚，注重原文内涵，按照英语规律和习惯，敢于利用加字、减字、转换词类等技巧，甚至调整全句结构，使译文变得通顺流畅。

例3：“三个代表”（中国共产党始终代表中国先进生产力的发展要求，代表中国先进文化的前进方向，代表中国最广大人民的根本利益。）

“Three Represents” (The Communist Party of China must always represent the trend of China's advanced productive powers, the orientation of China's advanced culture and the fundamental interests of the overwhelming majority of the Chinese people.)

根据外交部资深翻译家程镇球①的分析，这句话的难点是“发展要求”。最初译文是“The Party represents the requirement of the development of China's advanced productive forces”，“发展”和“要求”都出来了，但是和主语配搭不上。后来把“the requirement of the development”改为“trend”，虽然在字面上看起来与原文不太一样，但含义是相近的。*Longman Dictionary of Contemporary English* 关于“trend”的定义是：“a general tendency or direction in the way a situation is changing or developing”，与原文接近。当然，我们也希望还有更好的译法。另外，“中国先进文化的前进方向”原译为“the orientation of the development of China's advanced culture”，后来删去“the development of”，因为“orientation”已经含有“发展”的意思了。

另一位外交部外语专家王弄笙②从 Chinglish（中式英语）的角度探讨“三个代表”：对“Three Represents”最初不少英语读者感到费解，英语专家不赞成，电脑不认可，因为“Three”形容的“Represents”是动词。但考虑到英文里也有“do's and don'ts”，因此“Three Represents”也是符合英语的语言规律

① 程镇球. 政治文献的翻译. 中国翻译，2004（1）：50～50

② 王弄笙. 十六大报告汉英翻译的几点思考. 中国翻译，2004（1）：56～59

的。况且没有人能提出更好的解决办法，所以只能采取这个译法。“Three Represents”已经使用了好几年了，了解中国的英语读者也都知道这个词的含义，所以十六大的翻译仍沿用这个译法。由此可见，我们不是英语国家，不能不顾英语规律和英语国家的文化习惯随意创造新词。但在特定的历史条件下，基于需要，是可以依照英语的语言规律，创造出一些新词或词组的。这种中式英语是很难避免的。

例 4：总结我们的实践经验，归结起来就是，只有解放思想、实事求是，与时俱进、开拓创新，坚定不移地走中国特色社会主义道路，坚持改革开放，坚持科学发展、和谐发展、和平发展，才能最终实现现代化的宏伟目标。

Looking back on our practical experience, we have come to the following conclusion：We must free our minds, follow a realistic and pragmatic approach, keep pace with the times, work hard with a pioneering and innovative spirit, unswervingly take the road of Chinese socialism, adhere to the reform and opening up policy, pursue development according to scientific principles, maintain social harmony during development and ensure peaceful development. Only by doing so can we attain the ultimate objectives we have set for modernization.

该例子引自温家宝总理2007年的政府工作报告，是典型的汉语四字格连用句。如果无条件地全部保留四字格原有的内部结构或刻意注重语句形式上的对应来翻译此文的四字词语，就会出现句义主次不分、句子结构混乱的局面，有悖于英语语言表达习惯和外国人的思维习惯，令读者感到莫名其妙，不仅达不到外宣的目的，而且还破坏了汉语四字词语本身的美并给读者留下中国官方语言啰嗦、无主次甚至是含混不清的印象，势必影响中国政府和国家在国际上的良好形象。译文并未受四字格的外部形式和内部结构束缚，而是根据具体的语境，译出了四字格的指称蕴涵和文化内涵。同时，用几个动词短语并列做谓语翻译四字词语的主体，其正式程度与原文更加吻合。无论在语言维、文化维还是在交际维上都做到了最大限度的适应。

三、新闻发布会发言者的翻译

（一）新闻发布会发言者的语言特点

在一场新闻发布会中，新闻发布者、媒体与受众进行信息交流的焦点是新闻发言人。在信息交流当中，信息的流向主要有两种：一种是新闻发言人主动地发送一定的信息即开场发言，一般是在新闻发布会的开始阶段。在接下来的问答阶段，发言人也可能在回答问题的同时发布新的信息。另一种是在发言人与记者的问答中，信息以交互的方式传递。在这两种情况下，新闻发言人如何说话，成为新闻宣传对宣传内容控制的主要方式。因此，下文主要探讨新闻发言者的语言特征，记者提问语言的特征，然后在案例解释中分别对二者进行讲评。

发言人的语言特征主要包括两方面：第一，富有弹性。发言人的话语伸缩性很大，可以根据现场的记者反应随机应变。一方面，发言人有预先准备好的文字信息，可以根据现场需要决定什么时候说、说多少内容。另外一方面，发言人可以在回答记者的提问时，对自己的话进行一定的修正和解释。第二，声情并茂。发言人的讲话是与记者、公众声音和形象的直接接触，具备一定的演说性质。发言人在说话时，既要诉诸感情，又要诉诸理性信息。

发言人与记者的信息交流，总的来说，是要满足记者和受众的信息需求。但是，发言人进行新闻宣传是要控制受众的信息需求，在发言人的话语控制中，比较极端的情况有以下两种：

第一，答非所问。新闻发言人不正面回答问题，或者环顾左右而言他。这是发言人根据宣传需要，回避信息的一种技巧。面对问题信息的回避，也可以看做是宣传者的一种态度。在新闻发布会中，最极端的回答“无可奉告”，虽然是忌讳的语言，但也是发言人感情色彩较浓的态度。不回答也是一种回答。当然，发言人如果由于准备上的不足而一时难以作出正面回答，也可以用反问的方式将问题再交给记者。反问也属于一种答非所问。

第二，反复强调。重复说话，在日常一对一的人际交流中是不怎么受欢迎的。但是，在新闻发布会中，发言人对于本方观点和态度的反复强调，是一种强化信息接收的技巧。这是与答非所问相反的另外一种极端情况。反复的信息强化可以使信息扩散到更大的范围，不仅使更多的受众接收到信息，而且由于同一信息可能通过人际传播的途径相互传递，从而使效果获得进一步强化。面对记者的提问，发言人是不能回避的。

（二）新闻发布会发言者翻译特点

鉴于发言者的以上的特点和新闻发布会自身的性质，翻译工作人员要具备以下四大素质：反应迅速、承受力强、独立工作、知识面宽。

第一，反应迅速。发言人讲话或记者提问时，译员要集中注意力一边听、一边做笔记。当讲话人停止发言，译员必须尽快开始翻译。此外，由于新闻传播面广，能够迅速扩散到公众。无论是新闻发布会在场的听众还是观看直播的公众都不愿意被翻译占去太多的时间，所以译员必须有很快的反应能力和高超的临场发挥水平。

第二，承受力强。由于新闻发布会要传递重要的信息，气氛通常比较严肃。如果是官方新闻发布会或双边或多边联合新闻发布会，就有可能会涉及当前的突出问题、敏感话题、商业竞争等信息，有国家领导、企业领袖或重要人物的出现，这都会加重译员的心理压力。

第三，独立工作。口译人员必须在短时间内解决语言知识和背景知识的问题，不能回避任何一个问题。当然，译员如果无法理解发布会发言人或记者的话语时，必须虚心请教，切忌不懂装懂。翻译过程中如果被在场的其他人员挑剔或纠正，必须冷静处理。

第四，知识面宽。新闻发布会的内容可以上至天文、下至地理，口译人员要有良好的学习方法，既要在短时间内学习相关行业的新知识，还要保持终身学习的良好习惯，平时注意积累，积极思考。

由于新闻发布会口译工作复杂，译员除了要做基本的译前准备（如了解活动的信息，通过上网、阅读和请教别人来获取相关的行业情况和专业知识），还要根据新闻发布会的特点，与以下三方参与者合作。

第一，与发布者合作。如上文所述，信息的发布者可以是举办新闻发布会的组织者，或者是组织者邀请的相关部门专家，有时候还会由外聘的公关公司帮忙组织。发布者对整个活动不仅有详细的安排（公关公司还会提前写好中英文的通讯稿供媒体参考，译员可以从通讯稿获得很多发布会的信息），还会设立一些原则和要求，如果译员不了解情况，就会出现尴尬的局面。例如，发布者不愿意发言人回答记者提出的某些问题，或者不满意发言人的回答，希望译员不要翻译。但是，如果译员不翻译发言者所说的话，交流活动就会马上停止，引起记者和听众的不满，因为他们会责怪翻译水平低，不能完成翻译任务。所以，译员在工作前必须要与发布者合作，提出这些有可能出现的问题，共同商讨对策。

第二，与发言人合作。发言人可能是中国人也可能是外国人，他们都会有自己的口音和说话方式。因此，译员必须争取机会，在工作开始前与发言人交流，熟悉他们的情况。有些发言人侃侃而谈，语速较快，希望译员同样也可以讲快点，让发言人可以多发言；有些则心思谨慎，语速较慢，也希望译员语速较慢，让发言人有更多的时间思考。通常情况下，译员的翻译时间应该是发言人演讲时间的2/3，不应该超过发言人的演讲时间。

第三，与记者合作。新闻发布会上有很多家媒体的工作人员，译员必须提前了解他们所代表的媒体单位，熟悉他们的报道风格，从而预测他们有可能提出的问题。条件允许的话，译员也可以与记者打交道，了解他们的采访大纲和对本次新闻发布会的认识，询问他们是否会用外语提问。在提问环节，记者的提问与发言人的回答具有很强的互动性，来自不同地方的外国记者往往有口音，或者用不标准的中文提问，给译员的听力理解带来很大的难度，译员遇到困难时必须与记者沟通，确认问题。在新闻发布会过后，有些记者可能会主动与译员接触，有的因为他们在会上听不清楚，需要与译员确认一些信息，有的是希望从译员口中重新获取更多的消息；有的则是为在会后继续采访发言人而寻求翻译。译员必须时刻保持高度的警觉性，遵守职业道德，在不违背新闻发布会利益和原则的基础上尽量帮助记者完成采访任务，确保信息畅通。

（三）新闻发布会发言者翻译实例

以下两则例子都是真实的口译现场的记录。必须指出的是，口译的文本有出彩之处，但也存在纰漏。然而，本章重点并不是讨论具体的翻译技巧或润色技巧语言，而是通过分析新闻发布会中发言人和记者发言的特点，旨在帮助读者在熟悉发布会流程的同时采取相应的翻译策略，提高翻译水平。

例1：2006年温家宝总理答记者问

温家宝：女士们、先生们，<u>下午好。非常高兴又同大家见面，我首先要感</u>

谢广大群众，他们对“两会”非常关注，对我的《政府工作报告》非常关注，甚至对我举行这次记者招待会也非常关注。他们通过各种渠道向我提出许多问题、意见和建议，使我非常感动。

我还要向关心中国建设事业的国际友人表示感谢。就在前不久，我收到美国堪萨斯州托尼科市的30多名中学生给我的来信，他们向我提出了54个问题，其中包括中国的政治、经济、文化、社会，也有关于我个人的生活和爱好，我喜欢吃什么食物，会不会武术，甚至穿多大号的鞋。他们确实把目光开始投向中国了。我还是想借这个机会回答群众的一个问题，以表示我对大家的敬意。

有一位朋友问我，你能不能用一两句诗来概括一下你今年和今后的工作。我想起两位诗人的诗，一位是毛泽东主席的：“雄关漫道真如铁，而今迈步从头越。”一位是屈原的，“路漫漫其修远兮，吾将上下而求索。”谢谢大家。

新闻发布会的翻译一般是以口译的形式进行。口译是一种自始至终将源语在短时间内译为另一种目标语言的翻译形式（Franz Pochhacker，2004）。口译的过程与笔译的过程既有联系又有区别。描述口译过程的第一人是赫伯特（Herbert），他的描述具有普遍性。他指出：“口译由三个不同的部分组成：理解、转换、表达。”塞莱斯科维奇（Seleskovitch）随后对口译任务进行了更偏向认知层面的分析，她认为口译的机制是一个“三角的过程”，三角形的各个顶点是意义（sense）的建构。如图12所示：

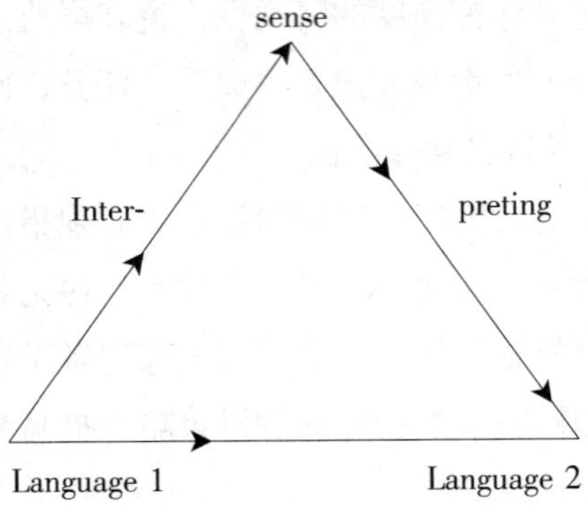

图12 口译机制的“三角过程”

根据这一模式，翻译中核心的处理过程并非语言的代码转换，而是口译对“意义”的理解和表达。根据塞莱斯科维奇的论述，“意义”是①有意识的；②由语音引发的语言含义以及认知扩展部分组成；③是非言语的，也就是说，和记忆中的任何语言形式相分离。塞莱斯科维奇认为翻译的过程从根本上是根据脱离源于外壳的话语意义进行。本书根据这一模式来探讨上面温家宝发言的译文。

在新闻发布会中，发言者在会议开始时的讲话主要是为了代表发布者介绍基本情况，给记者提供更多的信息，方便问答交流。一位具有个人魅力和演讲口才的发言者，还可以为发布者树立良好的形象，为发布会营造相应的氛围。例子中的温家宝总理就是其中之一。

温家宝总理在新闻发布会的发言有三段，每段都各具特色，给译员的工作带来了挑战。

第一段介绍了发布会的背景（如“两会”、《政府工作报告》）和礼节性的寒暄（如“下午好。非常高兴又同大家见面，我首先要感谢广大群众”）。其中，“两会”是指全国人民代表大会和中国人民政治协商会议，译者如果只是单纯地进行语言转换，翻译成“two conferences”，对外国听众毫无意义可言。因此译者最好把“两会”的内涵翻译出来，即“NPC”和“CPPCC”，这考验译员的译前工作是否充分。礼节性的寒暄则体现译员的基本功是否扎实。因此，译员平时要多积累相关的背景知识，还要脱口而出地翻译一些礼节性的话语。

第二段通过一个故事，很自然地过渡到发布会的主要内容。然而，在多数场合，发言人讲故事的原因是为了说明一个道理或阐明一个事实。译员必须在总体上掌握故事的脉络，重点理解故事的“意义”，传递发言人讲故事的意图。在温家宝总理的新闻发布会上，他希望通过细节（如美国学生的来信）展现国际友人开始关注中国，所以译员还是需要翻译细节。而且，越是正式的场合，译员的翻译越要详尽准确，尽量做到不漏译；而非正式的场合，译员更多的是配合发布者控制时间。

第三段涉及古诗词，是口译的一大难点。温家宝总理文学修养高，多次在新闻发布会上引经据典。例如，“周虽旧邦，其命维新；如将不尽，与古为新。”（Although Zhou was an ancient state，it had a reform mission；only innovation could ensure the growth and vitality of a nation.），“苟利国家生死以，岂因祸福避趋之。”（One should uphold his country's interest with his life，he should not do things just to pursue his personal gains and he should not be evade responsibilities for fear of personal loss.），“民之所忧，我之所思；民之所思，我之所行。”（What people are concerned about preoccupies my mind，and what preoccupies people's mind is what I need to address.），等等。译员平时除了要提高文学修养，更重要的是要保持高度的“即席性”，沉着应变，深刻理解诗词的意思，用简单的语言把“意义”表达出来，而不要囿于诗句的形式。如在本篇发言中，“雄关漫道真如铁，而今迈步从头越”，其实这句诗的意思是“敌人的关隘像一道铁墙，我们要以坚定的信心征服这座高峰”，在这个意义的基础上，翻译问题就迎刃而解了。该发言稿的参考译文如下：

Interpreter：Good afternoon，ladies and gentlemen. It is a great pleasure to see you again. First of all，I want to extend my deep thanks to our people for their tremendous interest in the NPC and CPPCC's sessions and in the work report on the government that I delivered myself，and they are also showing a lot of attention and interest in this press conference itself. They have been putting to me a lot of questions，ideas and suggestions through various channels which moved me greatly.

So here I would like also express my thanks to international friends who are showing interest and support to the development of China. Not long ago，I received a letter from more than 30 middle school students from a place called Topeka in Kansas，the United States. In the letter they asked about 54 questions which touch upon the various aspects of China's political system，economic development，and the various cultural and social characteristics. They also asked about my personal life and hobbies. What food do I like？Do I practice Kongfu？What size of shoes do I wear？That shows that these people are turning their eyes to China. So here I think I would select a couple of questions to address here as a token of my respect.

A friend asked me to describe the work of the government for this year and in the future through poetic lines. So here I would like to give two quotations of poems written by two great men. The first quotation is from Chairman Mao. He wrote in the poem："The strong pass of the enemy is like a wall of iron，yet with firm strides we are conquering its summit." And the other is from the ancient poet Qu Yuan："My journey is long and winding. I will keep on exploring my way far and wide." Thank you.

例 2：2006 年外交部部长李肇星答中外记者问

Q：Thank you. Good afternoon，Sir. I am with Reuters News Agency. I've two questions for you today about non-proliferation of nuclear weapons. The first is that at the end of the Six-Party Talks which has just happened in Beijing on the North Korea's nuclear programs，the United States and North Korea still had difference on the existence of highly-enriched uranium program. After that a U. S. Official said that the differences among the parties，not including North Korea，on the issue，the sort of，the other parties，I guess，other four parties，were highly sceptical，were increasingly sceptical of North Korea position that doesn't have the highly-enriched uranium program. Where does China stand on this now? And if China believes that North Korea doesn't have a program for highly-enriched uranium，has it seen any evidence to support that? Second question is that declassified documents released in the U. S. on Friday linked China with Pakistan's nuclear weapon program. And I'm interested in your view on those documents and whether or not China did help Pakistan or any other countries to develop nuclear weapons. Thank you.

译员：您好，我是路透社的记者。今天下午，我主要有两个问题，都是关于防核武器扩散方面的。第一个就是我们看到最近在北京关于朝鲜核计划的六方会谈第二轮会议已经结束了，而现在美国和朝鲜方面在朝鲜到底有没有高浓缩铀计划方面仍然有分歧。在那以后美方的表态说明美方和朝鲜以外的其他四方之间对朝鲜没有高浓缩铀的表态似乎还越来越怀疑。那么中国在这一问题上是站在什么立场上？如果中国认为朝鲜没有的话，有什么证据来证明？第二个问题就是在星期五美国提供了一份文件指出中国和巴基斯坦有关核计划方面的合作。那么我们想了解一下，您对于美方的这份文件是持何种态度，中国是不是真的帮助巴基斯坦或者别的什么国家来进行核方面的开发？

李肇星：关于六方会谈，中国政府的目标是清楚的、明确的，我们国家正在集中精力加快自己国内的经济社会发展，我们最需要的是一个和平的、稳定的周边环境和国际环境。【1】我们不愿意看到一个出现核武器的朝鲜半岛，我们愿意看到的是一个和平、稳定、富裕的朝鲜半岛作为我们的邻居。

Interpreter：With regards to the Six-Party Talks，the goal of the Chinese government is clear-cut and explicit. Now we are concentrating all our resources to accelerate the domestic economic and social development，for what we in China need most is a peaceful and stable international environment. Therefore，we will not like to see a Korean Peninsula with nuclear weapons；but rather，we wish to see a peaceful，stable and prosperous Korean Peninsula as our neighbor.

李肇星：我们感到高兴的是，第二轮六方会议取得了积极进展，各方都提出了有价值的设想，作出了积极的政策宣示，会谈还发表了主席声明，并就下一轮的会谈和成立工作组等问题达成了共识。这对保持和推动六方会谈的进程具有重要意义。

Interpreter：We are pleased to see that the second round of the Six-Party Talks has already made positive headway，for various parties put forward valuable proposals and made positive statements. After the talks，the six parties issued a Chairman Statement，and agreement has already been reached regarding the next round of talks and the establishment of a working group. So this is of very important significance for the maintenance and for the promotion of the process of the Six-Party Talks.

李肇星：中国一贯主张半岛无核化，要维护半岛的和平稳定，我们的作用就是劝和促谈。

Interpreter：It is the consistent view of China that the Korean Peninsula should be free of nuclear weapons，and we have to maintain peace and stability there. And the role China plays is to promote peace talks and to make peace.

李肇星：在中国的“神舟”五号载人飞船成功发射之后，有一些国家半开玩笑地说，中国人连载人飞船都能够成功地送上太空，那么朝鲜核问题不在话下，中国可以领导解决好这个问题。我告诉他们，事情不是这样，主要是在这个问题上最重要的角色之间互不信任。要说进入太空，至少还有两个国家进入太空比中国还早，那么他们也应该发挥建设性的作用。【2】

Interpreter：After China successfully put the Shenzhou-Five Manned Spacecraft into the outer space，there were some people who half jokingly said to us that as the Chinese people are now able to send a manned spacecraft into the space，the resolution of the Korean Peninsula issue will be a piece of cake，and you can very easily resolve that issue. But actually this is not true，because the two parties which play the most important role on the issue actually do have a very strong lack of trust between themselves. When talking about the outer space there are two countries which send the spacecraft into the outer space earlier than China does. So they should also play a constructive role in this process.

李肇星：关于浓缩铀的问题，听起来你知道的比我多，我在这方面没有掌握像你那么多的情况【3】。

Interpreter：When talking about the HEU program，well，it sounds you know more than I do. I actually do not have as much information as you do.

李肇星：如果你掌握的情况有什么根据的话，那也和中国没有什么关系。谢谢。

Interpreter：But if the information you have is supported by evidence，it still has nothing to do with China.

弗朗兹·波赫骇克（Franz Pochhacker）认为，口译有三个超级模因，即过程、翻译和交际活动。从交际活动的视角上，口译把听和说的活动结合了起来，促使交际互动得以进行。交际的互动格局可能是一对一（就是两个仅用一种语言的人在译者的协调下进行交际），也可能是一对多的格局（一个仅用一种语言的说话者对很多仅仅用一种语言的提问者）。在交际事件中，不同的交际方有不同的视角，他们都影响着整体的交际情景。Pochhacker 在 1992 年提出了一种口译的情景交际模式，可以用来分析互动过程中不同参与方的社会、情景和交际关系。他的交际模式如下图所示：

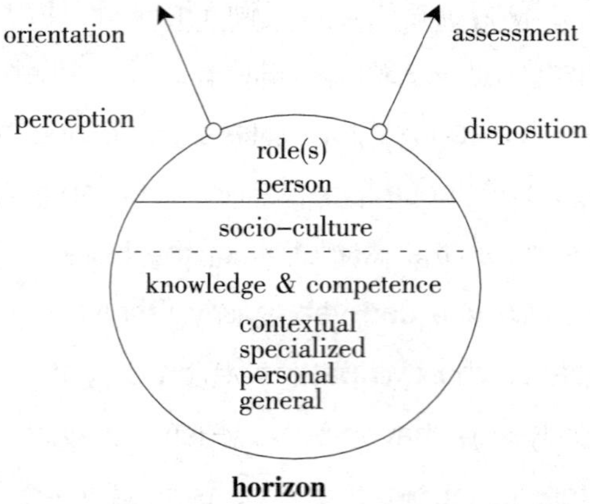

图 12　口译情景的互动模型（Pochhacker，1992）

情景的互动模型强调了互动中各个交际“个人”［role(s) person］的角色，该模式认为个人在情景交际中的视角是对其他参与方以及他们的行为作出的评价（assessment）和意图定位（orientation）组成，视角的形成取决于个人的社会文化背景（socio-culture）或视野（horizon），而这种背景和视野又是由多种认知能力和经验组成的。从认知的角度来看，情景只是在参与方的“眼中”（或者在参与方的视角中）存在。受到“感知”（perception）和“性格”（disposition）相关的心理和生理上因素的影响，个人的定位和评价（包括动机、情感态度、期待，特别是意图）决定了交际情景应该是什么样的以及在该场合中如何行动。

提问在新闻发布会中是使用较频繁、也是重要的一环。李肇星答中外记者问的新闻发布会的交际格局呈现出的是一对多的特点，说话者只有李肇星部长一人，提问者是各家媒体的记者。记者的问题或多或少代表着他所在媒体的立场和视角。记者的提问通常包括三个部分：礼节性话语、问题前述和问题主体。但一般情况下，记者并不是马上提出问题，而是多讲几句，称为“问题前述”。前述有三种功能：第一，前述可以为问题提供背景；第二，前述可以限制发言人的回答；第三，前述中可以嵌入预设。在上面的记者提问中，第一个问题主体：“Where does China stand on this now? And if China believes that North Korea doesn't have a program for highly-enriched uranium, has it seen any evidence to support that?”这个问题主体反映了提问者的视角，也就是对其他参与方以及他们的行为作出的评价和意图定位，“And if China believes that North Korea doesn't have a program for highly-enriched uranium”可以推测出他的视角应该是“中国认为朝鲜没有浓缩铀计划”。而记者把该问题主体的前述当作他的感知因素，即他提出“中国认为朝鲜没有浓缩铀计划”的视角是因为他看到了或了解到“其他四方之间对朝鲜没有拥有高浓缩铀的表态似乎还越来越持怀疑态度”，而不是来自他的主观臆断。同样的道理，第二个问题前述也被记者当作他暗藏的观点“中国真的帮助巴基斯坦或者别的什么国家来进行核方面的开发”的感知因素，这样使得他的两个问题客观化了。

发言人可以根据具体的情况，选择相应的回答策略（见下文）。而译员必须听懂问题，对问题前述和问题主体都要翻译。然而，一些表达能力欠佳的记者可能讲了很久的前述，都没有切入主题，或者前述与问题主体没有逻辑关系。译员必须要对其进行加工整理，用简洁的语言翻译出问题，必要时还要与记者合作，要求记者重复或阐明问题。否则，发布会的问答环节会难以继续下去。

新闻发言人李肇星部长显然看透了记者的视角，而且他善于从记者的提问中，寻找到利于宣传本方观点的因素和合理的内容，并借助回答的机会，不失时机地宣传观点。发言人在回答问题时，可以直接回应问题主体，不注意前述，如（1）；也可以利用前述达到闪避问题的目的，比如攻击前述，（3）便属于此类；或者对前述提及的议题进行拓展，如（2）。明白发言人的这些策略，译员可以更好地把握发言的逻辑关系，更容易理解发言人的意图，而不只是局限于字面上的翻译。

另外，发言人在回答问题的时候，发言的时间有长有短，译员必须与发言人紧密合作，把握发布会的节奏。如果发言人的发言时间过长，译员必须礼貌地提醒发言人控制时间，否则译员难以应付，听众收听的兴趣也会下降。

总而言之，新闻发布会口译和其他的口译活动一样，都要求译员有高超的双语水平、灵活的翻译技巧、迅速的反应能力、充足的译前准备等。同时，新闻发布会作为一项重要的信息传播活动，涉及很多参与者，译员必须了解新闻发布会的情况，与各方通力合作，这样才能成功地完成工作。

【翻译练习】

"八大坚持，八个反对"：坚持解放思想、实事求是，反对因循守旧、不思进取；坚持理论联系实际，反对照抄、本本主义；坚持密切联系群众，反对形式主义、官僚主义；坚持民主集中制，反对独断专行；坚持党的纪律，反对自由主义；坚持清正廉洁，反对以权谋私；坚持艰苦奋斗，反对享乐主义；坚持任人唯贤，反对用人上的不正之风。

【参考答案】

The "eight do's" and "eight don'ts" are: Emancipate the mind and seek truth from facts; do not stick to old ways and make no progress. Combine theory with practice; do not copy mechanically or take to book worship. Keep close ties with the people; do not go in for formalism and bureaucracy. Adhere to the principle of democratic centralism; do not act arbitrarily or stay feeble and lax. Abide by Party discipline; do not pursue liberalism. Be honest and upright; do not abuse power for personal gains. Work hard; do not indulge in hedonism. Appoint people on their merits; do not resort to malpractice in personnel placement.

第九章

传媒文本翻译综述

本章从三个方面对此书进行总结性的综述：（1）传媒翻译的跨文化传播意义；（2）传媒翻译和翻译理论的关系；（3）传媒翻译的发展趋势。首先，跨文化传播意义主要体现在传媒翻译的文化价值上，即传媒翻译在跨文化交流、外交和对外宣传等方面发挥的重要作用。其次，传媒翻译和翻译理论的关系主要体现在翻译理论为传媒翻译实践提供了理论依据；反过来，传媒翻译实践也不断丰富着翻译理论。最后，传媒翻译不断走向多元化，跨学科的特点日趋明显，译者应该尊重传媒理论和翻译规律，尊重不同国家的历史和文化，让翻译在国际传播和文化交流中发挥最大的作用。

一、国际传播视野下传媒翻译的跨文化传播意义

在国际传播中，从某种意义上说，传媒就象征着国家形象，代表着国家的综合实力，任何国家和政府都不会忽视集经济基础和上层建筑于一体的传媒行业的发展。随着全球化浪潮汹涌，资本在整个世界追逐利润和市场，传媒集团的跨国扩张成为不可遏制的趋势。美国传媒集团代表美国及其政府的声音传播美国文化，实施“文化扩张”战略，这与美国政府争夺全球霸权的整体扩张战略是高度一致的，恰恰代表了美国的国家利益。因此这种扩张也就得到了美国政府的鼎力支持，不惜牺牲某些公众利益，甚至冒着与体现自由和民主的立国之本的“第一修正案”相抵触的危险，放松政府对传媒的管制，修正法律，使美国在线、时代华纳、迪斯尼、维亚康姆等传媒集团在相对宽松的管制环境中进一步实施传媒集中战略，借其规模经济和范围经济优势强化国际竞争力。

当下，在全球政治、经济和文化一体化的过程中，国际传媒领域也在发生着变化。一方面，国际传播领域的传播秩序呈现出新的特点，比如信息的单向流动和不平衡传播；另一方面，世界范围内超大规模、多元化经营的跨国传媒集团实际上掌控着媒介的话语权，本应该是多种声音的国际传播领域出现了所谓的“美国化”（麦当劳和好莱坞式的文化）和“西化”倾向，从而导致全球文化产品和文化价值取向的“美国化”，甚至本土文化逐渐沦丧或被异化。从某种意义上讲，全球化和国际传播的发展态势对整个人类和全球的经济、政治和文化的进步来讲是福祉，同时也是一种灾难。但可以肯定的是，新一轮中西方文化的碰撞和冲突是必然的。

历时来看，全球各个国家和民族之间的文化交流和渗透一直在延续，周期性地伴随着某些经济或者政治大国的崛起而出现高峰。跨文化交流总是以政治传播、经济贸易和宗教渗透的形式出现。强势文化在全球的传播和渗透必然是强国经济和政治扩张的有机组成，而文化传播和渗透反过来促进了强国政治和经济势力在全球的扩张。19 世纪初，西方传教士在中国的传教、办报活动及其文化传播，虽然客观上促进了中国摒弃闭关锁国的政策、睁眼看世界，也给中国送来了民主和科学的思想，甚至是现代的办报理念，但归根结底，早期西方传教士的活动在某种程度上帮助了西方国家对中国进行文化渗透和侵略，是

西方国家在国际传播舞台上的一次大获全胜。

传媒及其文本在跨文化交流、外交和对外宣传等方面发挥着重要作用，进而有助于塑造国家的正面形象和增强国家在国际传播中的话语权。国际传播的历史沿革和中国在国际传播中话语权的强弱变化可以充分证明这一点。

现代国际传播诞生（1835—1913）的标志是“泰坦尼克”号沉船事件对国际规则的影响和国际传播原则的确立①，当时国际电报和电话在欧洲广泛应用，海底电报开始传输，国际电报联盟形成，英国制定了“帝国无线电规则”。同时，在国际传播领域，无线电广播早期的发展促进了国际通讯社和信息流通加快。

1933—1945 年是国际传播的“辉煌期”，国际传播领域掌握话语权的各个国家展开“广播大战”。纳粹德国发动对外宣传的广播大战，英国对法西斯的外语广播节目和监听系统，日本的广播宣传和地下广播等把第二次世界大战期间的信息控制和“黑色宣传”推向高潮。轴心国和同盟国两大军事阵营的各个国家展开或公开或隐蔽的信息接收的技术干扰、虚假播音、破译电码、通讯社联盟和信息控制等活动，传媒及其文本的信息流通在国际传播领域形成激烈竞争的局面。

第二次世界大战之后的 1946 年至 1969 年是国际传播系统的重建期。一方面，世界上确立了“传播权”是一项基本人权的原则；另一方面，国际传播呈现出西方控制下的信息“自由流通”态势。“冷战”时期，活跃在国际广播领域的美国之音、美国阵线电台、自由欧洲电台和自由电台，成为东西方国家对外宣传并干扰发展中国家的主要舆论阵地；同期，传播通信技术和国际卫星通信的应用和控制加剧了国际传播信息流通的不对称和不公正。

1986 年至今的所谓“后冷战”时期，国际传播领域出现多元化和全球都市化趋势，充斥着混乱的政治与经济信息传播，美国基本控制着国际传播，成为“后冷战”时期国际传播的代言人。

未来，国际传播的走向必然弘扬传播是一项基本人权的观念，各个国家必

① ［美］罗伯特·福特纳．国际传播：全球都市的历史、冲突及控制．刘力群译．北京：华夏出版社，2000.3

然充分利用传媒开展公共外交和对外宣传，以树立良好的国际形象，为政治、经济和文化发展服务，同时争取话语权并更好地参与国际事务的管理。

全球化的过程其实是各国各民族以及不同文明之间互相冲突和渗透的过程。对有些民族而言，一次次的文明冲突和渗透可能是福祉和兴盛，对有些民族来说却是古老文明的灭绝，其中自然充斥着血腥和屠杀。全球化过程中的文化渗透和冲突可以说离不开传媒及其技术的发展和运用。原始的传媒行业——书籍出版及印刷术曾经成为全球化的支点和社会发展的动力。15 世纪末和 16 世纪初，印刷术的扩散撕裂了西欧的社会生活结构，并用新的方式将它重新组合，从而形成了近现代模式的雏形。印刷材料的使用促成了社会、文化、家庭和工业的变革，从而推动了文艺复兴、宗教改革和科技革命，没有古登堡就没有宗教改革，现代民主的诞生也会因此而延迟。而现代通信媒介、跨国传媒集团和宇宙飞船等现代技术在全球化中发挥着关键性的作用，如美国在线时代华纳（AOL-Time Warner）、迪斯尼公司（Disney Company）、新闻集团（News Corporation）、法国威望迪集团（Vivendi）、日本索尼公司（Sony）和德国贝塔斯曼集团（Bertelsmann）等跨国传媒集团营造了麦克卢汉的“地球村”；另一方面，全球又因种族、文化、宗教冲突和经济侵略而变得四分五裂。

在人类全球化和国际传播的文化融合和冲突中，中国的话语权、国家形象以及在国际传播中的地位随着经济、政治和文化的发展而发展。随着我国综合国力的增强以及在国际传播中地位的提高，西方传媒对中国的报道和认识态度在各个历史阶段表现出很大的差别：魔幻般的“鞑靼”元朝曾经高超的技术被利玛窦这样的欧洲传教士描述为一个辉煌的奇迹；西方工业革命的早期，中国仍然被西方看做一个拥有高超纺纱和制陶技术的神秘国度；19 世纪 70 年代到 20 世纪 30 年代，中国是一个软弱的封建国家，西方传教士作为西方文化传播的急先锋，曾经在中国土地上大肆进行精神教化，宣扬西方文明的同时必然对中华文明形成冲击；第二次世界大战期间，中国因参加世界反法西斯战争而受到尊重，中西传媒对此都有报道，使很多西方人对中国刮目相看；“冷战”期间，中国被西方传媒报道为“蓝色蚂蚁帝国”；20 世纪 80 年代以来，中国改革开放取得了举世瞩目的成就，综合国力迅速提高。由于中西传媒对于中国改革开放所取得成就的大量报道，让很多西方人重新认识了中国，但也有些国家叫嚣“中国威胁论”，觊觎中国综合国力的快速发展，甚至“妖魔化”中国。

在当下的国际传播领域中，跨国传媒集团凭借其在全球强大的传播网络，在全球推销其文化产品，甚至各行各业的大集团都以传媒集团实施“纵横联盟”，借助所谓的传媒文化符号来推销其产品。结果，美国在线时代华纳、迪斯尼公司、新闻集团、威望迪集团和贝塔斯曼集团等西方国家的跨国传媒集团，以多元化和全球化战略在全球销售其书籍、报刊、广播、电视和网络节目及其产品，它们在推销这些文化产品的同时，也在“兜售”或者渗透他们的文化理念和价值观。

总之，在国际传播领域，各个国家开展外交、对外宣传和跨文化传播都离不开传媒及其文本翻译，国际传播中各个国家的综合实力、国家形象和话语权的强弱某种程度上取决于传媒声音的大小，而传媒文本翻译成为跨文化传播中一个直观重要的因素。

二、传媒文本翻译透视

传媒及其文本翻译在传播信息和满足受众知情权的同时，在国际传播中还承载着意识形态并代表着国家利益和形象的责任，而传媒及其文本翻译所有社会功能的完成和发挥归根结底依赖于语言，语言是传媒及其文本翻译的终极传播符号。新闻语言和文本是复杂多变的，只有在具体的语境下才意义明确，正所谓“只可意会，不可言传”，语言的魅力正在于此。

根据以上各个章节对于不同传媒及其文本的语言特点、规律和翻译技巧的分析，我们在最后的章节有必要梳理一下语言学背景下的翻译学理论对于传媒翻译的指导意义，并寻找基于语言学和翻译理论基础上传媒翻译的发展趋势。

（一）语言学背景下翻译学理论的历史沿革

翻译从属于语言学，翻译学归属于应用语言学的范畴。毋庸置疑，语言文本是翻译的基础，翻译学的很多理论和模式都是以语言学作为出发点而诞生的。翻译学的不同流派和理论、模式都是在翻译学不断发展过程中吸纳其他学科研究成果的基础上发展而来的。

从早期到20世纪初的翻译学研究一直陷于直译和意译的无休止的争论中。

随着20世纪五六十年代主导中学基于英语语法的翻译教学法的日渐衰落，崛起的直接法（direct method）和交际法（communicative approach）教学法盛行，这对于翻译学基础的英语教学方法“无异于雪上加霜”。结果，翻译和翻译学研究仅仅局限于大学的学术研究领域和译员的培训课程。

到了20世纪60年代，翻译工作坊（translation workshop）在美国得以推广。同时，基于比较文学（comparative literature）研究方法的对比分析引发了翻译研究和跨文化研究的发展。在美国，翻译学研究在承袭普通语言学方法和具体语言模式的基础上，吸纳其他学科和新的语言学模式，逐渐形成了系统的翻译学研究领域。霍姆斯（Holmes）《翻译研究的名与实》（*The Name and Nature of Translation Studies*）堪称当时翻译学研究的集大成论述，他提出的包括产品导向的描述性翻译研究（product-oriented TDS）、功能导向的描述性翻译研究（function-oriented TDS）和过程导向的描述性翻译研究（process-oriented TDS）等在内的描述性纯理论翻译研究和应用翻译学研究构成了翻译学研究的基本框架①。

同期，以维奈（Vinay）和达贝尔奈（Darbelnet）的直接翻译和间接翻译及其翻译技巧为代表的翻译理论，力图对原语和译语转换过程中发生的语言转换进行详细分类，并总结了适用于多语种语际转换的翻译技巧。虽然这些基于语言学模式下静态的语言变化分类是模糊的，但时至今日仍然对于包括传媒文本在内的各类文本的翻译都有指导意义和直接影响。同时，卡特福德（Catford）将系统的语言学比较方法应用于翻译，提出了形式对应和文本等值的翻译转换模式。

奈达对于翻译学的伟大贡献在于，他提出了形式对等和功能对等的概念，把翻译看做一个信息传播的过程，而且将翻译文本的接受者放在这个过程的中心位置，实现了翻译研究在语义学和语用学基础上的“科学翻译学”。奈达主张的“形式对等”即“强调信息本身的形式和内容……尤其要关注译语信息与原语中的不同成分尽可能保持一致”；他所谓的功能对等即“接受者和信息

---

① 杰里米·芒迪. 翻译学导论. 李德凤编译. 香港：香港中文大学出版社，2001. 8～13

之间的关系，应与原来的接受者和信息间所存在的关系保持相当程度的一致”①。基于奈达的翻译理论，在进行新闻文本翻译的过程中，译者应该根据译语受众的需要和文化认知进行调整，以译语受众为导向把原语信息的语法、词汇和文化指称加以改动以便受众接受。他进而提出了翻译的四项基本要求：言之成理、传达原文的精神风格、表达自然流畅和产生类似的回应②。

20 世纪 60 年代，纽马克（Newmark）提出的语义翻译（semantic translation）和交际翻译（communication translation）理论对于新闻文本翻译不无指导意义。“交际翻译试图使读者阅读译文所产生的效果尽可能地接近原语读者阅读原文所产生的效果。语义翻译则试图在合乎第二语言的语义和句法结构的情况下，将原文的语境意义尽可能贴切地译出来”。③ 在实际操作中，如果语义翻译导致译语文本不规范或者无法确保译语中的对等效应，就应该选择交际翻译。

20 世纪 70 年代，翻译学得到迅速发展，很多学者利用话语分析和系统功能法，将语言看做是社会文化背景下的一个交际行为，这种翻译模式和理论一直盛行到今天。

20 世纪七八十年代，德国功能学派（the functional school）和交际派翻译理论的兴起，标志着翻译研究真正摆脱了静态的语言学分析，以赖斯（Reiss）和霍尔兹—曼塔利（Holz-Manttari）、维米尔（Vermeer）和诺德（Nord）为代表的功能派翻译理论对当代的翻译学理论和实践产生了极大影响。赖斯主张翻译策略由译文在译语文化中的功能所决定，将语言功能、文本类型和翻译策略结合起来；霍尔兹—曼塔利把商业性专业翻译文本放在社会文化环境下进行考察，发现这个商业性翻译过程涉及发起人、委托人、制造者、译文以及原文的使用者和接受者，据此得出结论：翻译过程其实是一个多主体参与的交际过程；维米尔的目的论认为，翻译策略的选择应该根据译文的目的而定；而诺德面向译文的文本分析则是一个更加关注原语文本的功能主义的翻译方法。

---

① Nida, E. A. *Towards a Science of Translating*. Leiden: E. J. Brill, 1964a. 159

② ［英］杰里米·芒迪. 翻译学导论. 李德凤编译. 香港：香港中文大学出版社，2001. 49 ~ 50

③ Newmark, P. *Approaches to Translation*. Oxford and New York: Pergamon, 1981. 39

20 世纪 90 年代，话语分析（discourse analysis）成为翻译研究中的新焦点。一般的篇章分析描述篇章的句子结构、衔接等组织方式，而话语分析则探讨语言如何传递意义及社会权力关系。代表性的翻译理论和模式有韩礼德的系统功能语法（Systemic Functional Grammar）话语分析模式，该模式一方面探讨作者语言选择的意义，另一方面有系统地把这些选择与一个更广阔的社会文化框架联系起来。贝克（Baker）把系统功能语法的分析方法应用到词语、语法、主位结构、衔接和语用等层面，并把连贯、预设和暗示等相关的语言学概念应用到语际转换和语用分析（pragmatic analysis）上，其代表作《换言之：翻译教程》（*In Other Words*：*A Coursebook on Translation*）对翻译学影响深远。哈特姆（Hatim）和梅森（Mason）则从语用和意符的角度对翻译文本进行语域分析（register analysis），开始关注翻译中社会和权力关系的谈判和传播方式等意识形态层次的问题。

语言学背景下的翻译学在沿着以语言学为主线的研究路径发展的同时，也在逐渐突破传统语言学的框架，吸纳其他学科的理论和概念来创新翻译学研究，使翻译学研究形成了跨学科发展的态势。代表性的跨学科翻译学研究有系统论翻译理论、功能学派、文化视角的翻译研究和翻译的哲学理论等。

系统论翻译理论方法吸纳了 20 世纪四五十年代信息科学中的信息论、系统论和控制论的概念和原理，将翻译看做是译语文化、历史和文学等多元系统中的有机组成部分和子系统，倡导“翻译已经不再是一个具有明确不变的特性和界限的现象，而是一个依赖于某个特定文化系统内的关系的活动”①。

20 世纪七八十年代，德国兴起的功能学派和交际派翻译理论，不再把翻译看做是静态的语言现象，开始将其视为一种跨文化的交际行为。

所谓的“文化转向”（cultural turn）标志着翻译学研究开始转向文化研究的角度，比如从意识形态、女权主义和殖民主义等视角来研究翻译及其文本的文化内涵。

在 20 世纪后半叶产生重大影响的著名翻译哲学理论当属阐释学

---

① Even-Zohar, I. The Position of Translated Literature within the Literary Polysystem. In Venuti, L. (ed). *The Translation Studies Reader*. NY: Routledge, 1978/2000. 197

(Hermeneutics)和德里达(Jacques Derrida)的解构主义(Deconstructionism)。阐释学是关于翻译文本意义阐释的理论，代表作如斯坦纳(George Steiner)《通天塔之后》(*After Babel*)和本雅明(Walter Benjamin)《译者的任务》(*Die Aufgabe des Übersetzers*)中的有关论述；而20世纪60年代法国哲学家德里达的解构主义则对翻译学中的一些基本观念进行了“解构”和阐述。

(二)跨学科翻译学背景下传媒文本翻译与翻译理论的“对接”

跨学科翻译学背景下，传媒文本翻译的规律或者技巧都可以在翻译学中找到对应的理论根据。从传播学的角度来讲，新闻报道是一种信息传播的过程，这个过程涉及信息传播者、传播内容、传播渠道、受传者和传播效果等环节。传媒的记者和编辑作为新闻报道和信息传播的把关人，通过既定的渠道把经过取舍和编辑的新闻文本传播到目标受众，而具有固有文化价值选择标准的受众，有选择地接近和认知这些新闻文本，并作出反馈。功能翻译理论和模式正是把整个翻译过程看做是一个信息传播的过程，而且涉及了译文优劣的评估标准，重视传播效果的研究。从这个角度来讲，功能翻译理论对新闻传播学文本翻译有着直接的指导意义。

功能翻译理论为传媒文本翻译的分析奠定了理论基础，即不同传媒文本所对应的翻译方法。新闻传播本质上是一个信息传播过程，根据功能翻译理论，译者在进行不同传媒文本翻译时，需要涉及信息传播的几个W环节，具体说来就是文本内容和语言特点、传媒运作规律和特点、受众及其文化认知等层面的分析。我们上文所讲的不同传媒的运作及其语言特点与文本翻译及其策略和技巧分析，其实正是从功能派的翻译理论出发，对传媒文本翻译规律的探索。

20世纪七八十年代，德国兴起的功能学派和交际派翻译理论，不再把翻译看做是静态的语言现象，开始将其作为跨文化的交际行为。赖斯作为功能主义翻译理论的领军人物，他突破了基于单词和句子层面的交际和对等概念，在文本交际和对等的层面上建立了语言维度、文本类型和交际环境相结合的功能理论，进而把翻译文本总结为四种类型：信息型文本(informative text)、表情型文本(expressive text)、操作型文本(operative text)和视听类文本(audiomedial)。信息型文本指信息、知识和观点等单纯基于事实交流的，依赖逻辑的或者所指的语言维度来传递信息的文本；表情型文本即创造性文本，与文学翻译接近，强调文本的美学特征和形式；操作型文本旨在引起行为反应，该类型文本的目的在于说服受众；视听型文本包括电影、广告和广播电视文本等。

在对翻译文本进行传播功能标准划分的基础上，赖斯提出不同的翻译文本应该采用合适的翻译方法，而选择翻译方法主要依据语义对等的原则。她描述了以下语篇类型和翻译方法。对于信息型语篇，其译文应该传递原文指示性或者概念性的内容，译语语言言简意赅，并根据需要使用明显化技巧；表情型语篇的译文应该传递原语的审美性和艺术形式，翻译应该使用同一策略，即译者应该采用原作者的观点；操作型语篇的译文应该使受众产生预期的反应，翻译应该采用"顺应"策略，以便受众接受；视听型文本应该采用"辅助"办法，使翻译文本图文并茂。赖斯又进一步提出译文的语言翻译标准：语言内标准（语义、词汇、语法和风格）和语言外标准（情景、主题、时间、地点、受众、信息传播者和情感等）。

不同体裁的传媒文本及其翻译策略自然可以在赖斯的翻译文本类型和翻译方法中"对号入座"，找到其对应的类型和适合的翻译方法。正如上文我们所讲到的，报纸、杂志、广播、电视、电影和网络等中英文传媒有各自的运作规律，其文本的语言呈现着各自不同的特点。消息旨在传播信息，属于信息型语篇，其主题和内容成为翻译的重心，客观公正准确且言简意赅的语言自然成为必然要求；就事实说话的评论等新闻体裁属于操作型语篇，译文应该多考虑受众的接受效果，广告文本是这类语篇及其翻译策略的代表性文本；广播电视和网络文本则属于视听型文本，应该采用相应的翻译策略和技巧。如表5[①] 所示：

表5　语篇的功能类型和翻译方法

语篇类型	语言功能	语言维度	语篇重点	译文标准	翻译方法
信息型	信息性	逻辑性	重内容	传递内容	言简意赅/忠实于原文

① ［英］杰里米·芒迪. 翻译学导论. 李德凤编译. 香港：香港中文大学出版社，2001.91

（续上表）

语篇类型	语言功能	语言维度	语篇重点	译文标准	翻译方法
表情型	表情性	审美性	重形式	形式和美观	原语观点和策略
操作型	劝服性	对话性	劝服效果	引起反应	等效和顺应
视听型	传媒功能	图文并茂/声形并茂	形式和效果	形式和内容	综合方法

霍尔兹—曼塔利把翻译行为放在社会文化的背景下进行考察，认为翻译是涉及文化转换的信息传播过程。“翻译并不是简单地翻译词、句或者文本，而是引导潜在的合作，跨越文化障碍，促进功能性的交际。”霍尔兹—曼塔利认为，“从原语文本出发的翻译行为”包括发起者、中介、原文作者、译语作者、译语的使用者和译语的接受者等系列角色和参与者①。据此，翻译行为应该重视为受众提供一个功能性的交际文本，而译语文本的形式和文体应该取决于该形式和文体在译语文化中是否在“功能上合适”，而不仅是在简单复制原文本的特征。这样，该翻译理论就突破了形式等值的翻译模式。

在功能主义理论中，维米尔的目的论更进一步。该理论的主要原则是译文是由其目的决定的；译文在译语文化和语言中传达信息，该信息与原文化和语言中传达的信息相关；译文传达的信息不可以清晰地译回原文；译文必须内部连贯；译文必须与原文连贯。而所谓的连贯性即译文对于译文接受者来讲，符合他们的文化认知和知识水平等。根据该理论，译者可以把同一原语文本翻译成具有不同目的和为不同接受者所阅读的译文。“目的论规定，译者必须有意识地并一以贯之地按照与预期的译语文本相关的某种原则来翻译；该理论并没有说明这种原则是什么，这必须根据具体的情况分别决定。”②

但是，在很多具体情况下，翻译学的理论和模式在涉及具体的新闻语言文本时，很难找到对应的理论和模式。中文的新闻文本中有时候难免引用古汉

① ［英］杰里米·芒迪．翻译学导论．李德凤编译．香港：香港中文大学出版社，2001. 95

② Vermeer，H. J. Skopos and Comission in translational action. In Venuti，L. （ed）. *Readings in Translation Theory*. NY：Routledge，1989/2000. 228

语、典故、成语或俚语，在涉及这样的新闻文本的翻译时，由于汉语表达形式简单而内涵丰富，译者很难在译语中找到对应的表达形式。如19世纪初英美传教士在华创办的中文报纸中经常在头版引用《论语》中的名言，但其英文翻译未必准确，甚至出现了误译。

（1）多闻阙疑，慎言其馀，则寡尤；多见阕殆，慎行其馀，则寡悔。（《论语》）①

The Master said: Hear much; discard the doubtful, and be cautious in repeating the rest; then you seldom will incur blame. (*Analects*)

（2）三人行必有我师焉；择其善者而从之，其不善者而改之。（《论语》）②

The Master said: Of a company of three, there must be one who can instruct me. I discriminate their good qualities to emulate, their bad to shun. (*Analects*)

（3）子曰：人无远虑，必有近忧。（《论语》）③

He who gives no thought to remote matters will encounter grief near him. (*Analects*)

此时，译者很难把原语文本的信息完全等值地翻译出来。赖斯的文本类型理论和翻译策略在新闻文本的翻译中只是相对适用的。消息等用事实说话的新闻体裁是以传递信息为主，评论或者广告是用来劝服受众和消费者接受某个观点、产品或者服务信息的，而就事实说话的特写、深度报道和报告文学等体裁的文本则很难套用在赖斯的几种理论模式中，也不能简单机械地拿翻译理论和策略来指导这些类型的文本翻译。

---

① Britton, R. S. *The Chinese Periodical Press* (1800 - 1912). Taipei: Ch' Eng-Wen Publishing Company, 1966. 18

② Britton, R. S. *The Chinese Periodical Press* (1800 - 1912). Taipei: Ch' Eng-Wen Publishing Company, 1966. 18

③ Britton, R. S. *The Chinese Periodical Press* (1800 - 1912). Taipei: Ch' Eng-Wen Publishing Company, 1966. 24

（三）传媒文本翻译走向

1. *传媒文本的语言多元化*

全球化时代，传媒文本语言呈现出多元化的发展态势，使得传媒记者和编辑在日常的新闻采写和报道中要应对大量的翻译工作，包括语内翻译（intralingual translation）（或称“重述”）、语际翻译（interlingual translation）（严格意义上的翻译）和符际翻译（intersemiotic translation）（或称“变形”）[①]。因为随着传媒内容、受众和市场的细分化和多元化，其文本往往会出现不同的版本、多语版本或者其他语种的版本，以便满足不同受众的需要，特别是在国际化的大都市和开放的城市中，多语种和不同版本的传媒文本需求量更大。所以，“用同一种语言的其他符号来解释某些语言符号”的语内翻译、“用另外一种语言来解释某种语言符号”的语际翻译和“用某种非语言符号系统的符号来解释语言符号”的符际翻译，是传媒人在采写新闻时经常用到的，他们要面对不同的受众群体，这些受众的心理属性和人口属性，甚至地理分布和语言、文化价值观等都是不同的，他们是有选择地接近、认知传媒及其文本的，所以为了满足不同层次的受众需求，吸引他们，传媒文本除了要遵循固有的新闻传播规律，还必须注意文本的重述、翻译和变形。否则，便很难满足不同受众或者少数族裔的传媒接近权和知晓权。比如，中国广东地区的传媒往往在一则广告中融合多种语言来覆盖同一地区高度细分化的受众和消费者，这里就涉及了不同形式的翻译。

2. *跨学科的传媒文本翻译走向*

20 世纪最后一个年代，由于翻译学和新闻传播学及传媒的相继发展，翻译学打破了语言学研究和文化研究的界线，日益走向融合，逐渐与其他学科的发展结合在一起，形成了跨学科发展的态势，而传媒文本翻译作为翻译学的一个重要分支，也显示了跨学科发展的走向。

斯内尔—霍恩比（Mary Snell-Hornby）在《翻译学：综合法》（*Translation*

---

① ［英］杰里米·芒迪. 翻译学导论. 李德凤编译. 香港：香港中文大学出版社，2001. 2

Studies: An Integrated Approach, 1995)① 中，运用综合法对众多的语言学和文学概念进行分析，进而把各种翻译文本分为文学翻译、普通语言翻译和特殊语言翻译三类；对于特定的翻译文本，她引进了文化史、社会文化研究、区域研究等；对于法律、经济、传媒、医学和科技翻译，又引进了相关的专门研究。但是，斯内尔—霍恩比强调，她的分类没有明显的界线和等级模式，旨在“打破文学与其他语言之间生硬的界线”。同时，她呼吁翻译学建立自己特有的模式和惯例，聚焦于文本、环境和文化语境的关系网络，而不是像传统的语言学背景下的翻译学研究那样只是关注词汇和句法等微观层面的研究。

虽然斯内尔—霍恩比把传媒的报章文本和富有创意的诗歌语言般的广告语言归类于普通语言翻译的范围，但是由于传媒翻译文本体裁的多样化和传媒语言传播及新闻报道的特殊性，传媒文本翻译不可避免地涉及跨学科翻译研究。正如她本人所言，这样的分类旨在强调包括传媒翻译在内的“翻译作为跨文化活动这个议题”。

3. 尊重翻译理论和传媒规律，塑造符合中国历史和文化的翻译文本

全球化时代，国际传播领域的新问题和传媒生态环境的变化使不同国家和地区都在重新考虑新闻传播学和传媒的基本问题，一些传统的话题又重新成为地球村时代人们探讨的焦点问题，如“国际传播中新闻自由和新闻的公正性”，“地球村时代，记者如何自由表达观点”，“西方寡头传媒集团垄断市场，传媒能否发挥其基本社会功能”等核心问题，再次进入人们的认知视野。

全球化背景下西方传媒所标榜的新闻取舍的“放之四海而皆准”的客观标准是值得商榷的，代表不同价值观念、文化认同、宗教和习俗的国家、民族和利益集团的记者，在对他国的新闻报道中所选取的角度和新闻取舍的标准有所不同，尤其是调查性报道，其中十分复杂的政治、经济、文化因素和调查者个人背景等因素都有可能影响新闻报道的客观性和真实性。

正如本书开篇所言，事实材料经过记者和编辑的把关才能变成新闻事实，任何新闻报道都经过了二度抽象和二度具象的过程。而新闻报道中所遵循的

---

① ［英］杰里米·芒迪．翻译学导论．李德凤编译．香港：香港中文大学出版社，2001. 234 ~ 237

“客观事实”其实是观察者眼中的“事实”。在今天的国际传播中，不同国家的传媒在取舍新闻事实的程序和标准上仍然是相似的。首先，传媒依据以下要素对各层面事实的重要性进行排序：事实的主体——围绕该事件的政治体制——记者面对具有不同期望值的受众——事件本身的教育和社会背景——从照相机到消息来源等一切当时可资利用的资源——新闻的来龙去脉等。很显然，所谓客观、公正、准确的新闻报道是要打些折扣的。

当今，所谓的跨国传媒实际上是西方价值观的发言人，传媒及其文本宣扬的自然是西方国家的自由主义、资本主义、议会民主或者消费主义等价值理念。同时，英美传媒支配下的国际传播，根据世界上的国家和人民与西方权力中心的关系来界定其种类，诸如讲英语的爱尔兰人、印度人和犹太人等，不完全以英语为母语的则被称之为“subalterns”。

同时，由于西方跨国传媒集团的集中化发展、进入市场的门槛抬高、新技术的冲击等要素，使得传媒市场在一个几乎没有竞争的寡头市场上运作。保障国际传播中有效地发出不同声音的传媒市场和公共论坛正在蜕变为传播西方国家和利益集团、传媒投资者和经营者的寻租工具。在具体的新闻报道和文本操作上，西方传媒实施新闻娱乐化的文化渗透战略，假借各类明星报道和娱乐节目挤走本土传媒必要的政论性报道或新闻评论，旨在扩大其覆盖率和传播西方的价值理念。

在这样的国际传播环境下，各国政府和传媒在保护本土文化和传媒产品的同时，还要自觉抵制西方国家和跨国传媒集团的文化产品和文化渗透，呼吁公平、合理和健康的国际传播秩序。联合国教科文组织早在 1979 年的 McBride Report 中就呼吁建立新的世界信息新秩序；在关贸总协定讨论中，一些国家也通过禁止国外传媒产品来保护自身文化的完整性。

在国际传播主渠道的传媒翻译和文化交流中，记者、编辑和译者在尊重翻译理论和传媒规律的基础上，应该自觉抵制西方国家和传媒的文化渗透，塑造符合中国历史和弘扬本土文化的翻译文本，这自然是行业的基本要求。作为新闻和翻译文本的把关人，记者、编辑和译员应该恪守“不党不私、不偏不倚”的新闻理念，根据自己的专业判断，而不是跨国传媒集团、广告商所代表的利益集团的政治立场或商业利益来作出新闻取舍、编辑判断，维护传媒的公信力，进而在国际传播和文化交流领域取得最大的市场效益和社会效益。

【翻译练习】

Translate the following passage into Chinese, which is from a British missionary William Milne's account of his periodical, China's first magazine Ch'a-shih-su Mei-yueh T'ung-chi-ch'uan (《察世俗每月统记传》).

The first specimens were very imperfect, both as to the composition and printing; but they were understood by persons who were in the habit of reading; and the editor hoped that a fuller acquaintance with the language would enable him to improve the style. It was originally intended that this little publication should combine the diffusion of general knowledge with that of religion and morals; and include such notices of the public events of the day as should appear suited to awaken reflection and excite inquiry. To promote Christianity was to be its primary object; others things, though they were to be treated in subordination to this, were not to be overlooked. Knowledge and science are the hand-maids of religion, and may become the auxiliaries of virtue. To rouse the dormant powers of a people, whose mental energies are bound up by that dull and insipid monotony which has drawn out its uniform line over them to the length of more than twenty hundred years—will be no easy task. Means of all justifiable kinds, laborers of every variety of talent, resources sufficient for the most expensive moral enterprises, and a space of several ages—will all be necessary to do this effectually. But a beginning must be made by some people, and in some age of the world. After generations will improve on what the present race of men begin. It is better therefore to commence a good work with very feeble means and imperfect agents, than to "sign to the wind", and not attempt it at all. Thus, though that variety of subject intended to be published in the Chinese Monthly Magazine, could not be all brought in at first, or indeed to the present moment; yet that was not considered an argument of sufficient weight to postpone the work. Mr. Milne therefore composed such papers for it as his time, talents, and other circumstances admitted of. The essays and papers published. . . . have been chiefly of a religious and moral kind. A few essays on the most simple and obvious principles of astronomy, instructive anecdotes, historical extracts, occasional notices of great political events, etc. , have at times given a little variety to it pages; but there has been less of these than could have been wished... for the first four years, everything published, with the exception of a few pages, proceeded from the pen of a single individual, who was also engaged in a variety of other labors. To render this work generally interesting, it would require a full half of the time and labor of a Missionary—time and labor well bestowed, too—and should unite the productions of various pens. The size of the Chinese Magazine has never yet exceeded that of a small tract, and it has been given away gratis. For about three years, five hundred copies were printed monthly and circulated, by means of friends, correspondents, travellers, ships, etc. , through all the Chinese settlements of the eastern Archipelago; also in Siam, Cochin-China, and part of China itself. At present (1819), a thousand copies are printed monthly. The demands and opportunities for circulation greatly increase, and it is likely that in three of four years more, 2, 000 will be an inadequate supply. Besides the regular monthly numbers, complete sets for each year have been printed as they were required.

【参考答案】

第一期本报文字印刷，胥不免于简陋之讥。唯积学之士，当能心知其意，而曲为之谅。记者深愿此后假以时日，俾得于中国文字研究益深，而逐渐加以改善。至本报宗旨，首在灌输知识，阐扬宗教，砥砺道德，而国家大事之足以唤醒吾人之迷惘，激发吾人之志气者，亦兼收而并蓄焉。本报虽以阐发基督教义为唯一急务，然其他各端，亦未敢视为缓图而掉以轻心。知识科学之与宗教，本相辅而行，足以促进人类之道德，又安可忽视之哉。中国人民之智力，受政治之束缚，而呻吟憔悴无以自拔者，相延迄今，两千余载，一旦欲唤起其潜伏之本能，而使之发扬蹈厉，夫岂易事？唯有抉择适当之方法，奋其全力，竭其热忱，始终不懈，庶几能挽回于万一耳。作始虽简，将毕必巨，若干人创之于前，若夫发挥光大，则后之学者，责无旁贷矣。是故不揣谫陋，而率尔为之，非冒昧也，不过树之风声，为后人之先驱云尔。

本报篇幅有限，种种资料，自不能网罗无遗；然非割弃或停止也，将循序而为之耳。前此所载论说，多属宗教道德问题，天文逸事传记政治各端，采择甚寡。此限于地位，致较预计为少，非本意也。

欲使本报随时改良，以引起读者之兴味，非竭教士一任半月之时间以从事于斯不为功，且须征求外来稿件，以补其不足。记者甚愿致力于是。他日国人之习华文者日多，当有佳作以光本报之篇幅，而年来最不易得者，即此项资料是也。本报发展，尚在萌芽时代，更无酬报可言。年来月印五百册，借友人通信游历船舶之便利，以销售于南洋群岛、暹罗（今泰国）、交趾支那（Cochin-China）各地华侨荟萃之区，而内地亦时有输入焉。近者改印一千册，需要大增，销路渐畅，三四年后，或能增至两千册以上，未可知也。

参考文献

1. Albrecht Neubert and Gregory M. Shreve. *Translation as Text*. kent: The Kent State University Press, 1992.

2. Richard Keeble. *The Newspapers Handbook* (4th edn). London & New York: Routledge Taylor & Francis Group, 2006.

3. Jenny McKAY. *The Magazine Handbook*. London & New York: Routledge Taylor & Francis Group, 2000.

4. Carole Fleming. *The Radio Handbook* (2nd edn). London & New York: Routledge Taylor & Francis Group, 2002.

5. Patricia Holland. *The Television Handbook* (2nd edn). London & New York: Routledge Taylor & Francis Group, 2000.

6. Sean Brierley. *The Advertising Handbook*. London & New York: Routledge Taylor & Francis Group, 2000.

7. Bruce Garrison. *Professional Feature Writing* (4th edn). New Jersey: Lawrence Erlbaum Associates, Publishers Mahwah, 2003.

8. Allan Bell. *The Language of News Media*. Oxford: Wliey-Blackwell, 1991.

9. Danuta Reah. *The Language of Newspapers* (2nd edn). London & New York: Routledge Taylor & Francis Group, 2002.

10. Jill Marshall and Angela Werndly. *The Language of Televisions*. London & New York: Routledge Taylor & Francis Group, 2000.

11. Linda McLoughlin. *The Language of Magazine*. London & New York: Routledge Taylor & Francis Group, 2000.

12. Angela Goddard. *The Language of Advertising: Written Texts* (2nd edn). London & New York: Routledge Taylor & Francis Group, 2002.

13. Donald Matheson. *Media Discourses: Analying Media Texts*. New York:

Open University Press, 2005.

14. Mervin Block. *Writing Broadcast News—Shorter, Sharper, Stronger* (revised and expanded). Chicago: Bonus Books, Inc., 1997.

15. Timothy Garrand. *Writing for Multimedia and the Web* (2nd edn). Boston, Oxford, Auckland, Johannesburg, Melbourne, New Delhi: Focal Press, 2001.

16. Sammye Johnson and Patricia Prijatel. *The Magazine from Cover to Cover: Inside a Dynamic Industry*. Chicago: NTC Publishing Group, 2006.

17. Kaja Siverman. *The Subject of Semiotics*. Oxford: Oxford University Press, 1983.

18. Richard Campbell. *Media & Culture: An Introduction to Mass Communication* (5th edn). Bedford/St. Martin's, 2007.

19. Roswell S. Britton. *The Chinese Periodical Press* (1800 - 1912). Taipei: Ch'eng-Wen Publishing Company, 1966.

20. Kyle Conway and Susan Bassnett. *Translation in Global News*. Procceedings of the Conference Held at the University of Warwick. Center for Translation and Comparatie Cultural Studies, Conventry, United Kingdom, 2006.

21. Guy Cook. *The Discourse of Advertising*. London: Routledge, 1992.

22. Norman Fairclough. *Critical Discourse Analysis*. New York: Longman Publishing, 1995.

23. Peter Newmark. *Approaches to Translation*. Shanghai: Shanghai Foreign Language Education Press, 2002.

24. Franz Pochhacker. *Introducing Interpreting Studies*. London & New York: Routledlge, 2004.

25. Leo Braudy and Marshall Cohen. *Film Theory and Criticism: Introductory Readings* (6th edn). Oxford: OUP, 2006.

26. Richard Campbell, Christopher R. Martin & Bettina Fabos. *Media & Culture: An Introduction to Mass Communication*. Bedford/St. Martin's, 2006.

27. Basil Hatim. *Communication Across Cultures—Translation Theory and Contrastive Text Linguistics*. Shanghai: Shanghai Foreign Education Press, 2001.

28. Paul Grice. *Studies in the Way of Words*. Beijing：Foreign Language and Research Press, 2002.

29. M. A. K. Halliday. *An Introduction to Functional Grammar*. Beijing：Foreign Language and Research Press, 2000.

30. Christiane Nord. *Translating as a Purposeful Activity：Functionalist Approaches Explained*. Shanghai：Shanghai Foreign Education Press, 2001.

31. 郑宝璇. 传媒翻译. 香港：香港城市大学出版社，2004.

32. 胡曙中. 英汉修辞比较研究. 上海：上海外语教育出版社，1997.

33. 胡曙中. 英汉传媒话语修辞对比研究. 郑州：郑州大学出版社，2007.

34. 谭载喜. 奈达论翻译. 北京：中国对外翻译出版公司，1984.

35. ［英］杰里米·芒迪. 翻译学导论. 李德凤编译. 香港：香港中文大学出版社，2001.

36. ［美］威尔伯·施拉姆等. 报刊的四种理论. 北京：新华出版社，1980.

37. 曹炜，高军. 广告语言学教程（第二版）. 广州：暨南大学出版社，2010.

38. 薛中军. 中美新闻传媒比较. 上海：复旦大学出版社，2005.

39. 王益民. 中国当代精彩新闻评说. 武汉：武汉大学出版社，1987.

40. 林语堂. 中国新闻舆论史（中文版）. 北京：中国人民大学出版社，2008.

41. 方汉奇. 中国新闻事业通史. 北京：中国人民大学出版社，1996.

42. ［美］萨梅尔·约翰逊，帕特里夏·普里杰特尔. 杂志产业. 北京：中国人民大学出版社，2006.

43. ［美］罗伯特·福特纳. 国际传播：全球都市的历史，冲突及控制. 刘力群译. 北京：华夏出版社，2000.

44. 刘建明. 新闻学前言. 北京：清华大学出版社，2005.

45. 李良荣. 新闻学概论. 上海：复旦大学出版社，2003.

46. 张云辉. 网络语言语法与语用研究. 上海：上海学林出版社，2010.

后　记

翻译的历史源远流长。《圣经·旧约》说，人类的祖先起初没有语言障碍，他们想建立一个通天的"巴别塔"，上帝认为这是人类虚荣心的表现，如果这些人因讲同样的语言就可以建成这座巨塔的话，那么以后还有什么事情办不成呢？于是上帝决定让人世间的语言发生混乱，阻止人类的计划，让人类语言不通。翻译因此应运而生，为不同国家、不同民族之间的交流搭建了最主要的桥梁。

经过几千年的发展，翻译几乎涉及人类生活的各个领域。研究翻译的学者越来越多，从事翻译的队伍也日益壮大，与翻译有关的书籍更是层出不穷。其中翻译教材占的比例很大，而且名目繁多，从文学翻译到旅游翻译，从古文翻译到现代语翻译，应有尽有，为翻译爱好者和学习者提供了宝贵的资源。

然而，目前国内出现的各种翻译教材，如冯庆华编著的《实用翻译教程》、张培基的《英汉翻译教程》等，大多都重技巧讲解、轻理论介绍，这会让读者产生误解，似乎翻译只是一项简单的两种语言之间的转换活动，其实不然。奈达在《语言与文化——翻译中的语境》（*Language and Culture—Context in Translating*）的开篇中，指出知道两种语言对翻译来说还不够，译者还要通晓两种文化。另外，翻译还与语言学、符号学、哲学、美学、解释学等学科有着千丝万缕的联系。很多学者、专家为了分析翻译这种活动，从不同的学科视角提出了各种翻译理论。因此，《传媒翻译概论》就是以传媒为切入点，以传媒各个方面的文本为基础，与相关的翻译理论相结合，阐释翻译方法，让读者对传媒翻译的认识既有领域的广度，又有理论的高度。当然，每一种文本不一定只有一种理论视角，本书旨在抛砖引玉，激发读者对传媒翻译的更深入的思考和探索。

本书可作为大学本科三年级和四年级以及 MTI 和硕士研究生等不同层次的翻译课程用书，也可以作为翻译爱好者的自学教材。

后　记

《传媒翻译概论》的出版凝聚着团队的智慧和付出。感谢叶霭云、陈彩云、祝海林以及所有对本书的编写和出版给予帮助和意见的同事、同学以及朋友。参与本书编写成员的分工如下：

王海（广东外语外贸大学教师）：撰写第一、二、三、四、五、七、九章，主持全书的编写工作。

叶霭云（广州大学大学英语部教师）：撰写第四、五、七、八章。

陈彩云（广东外语外贸大学高级翻译学院研究生）：参与编写第三、四、五章。

祝海林（华南农业大学珠海分校教师）：参与编写第六章。

暨南大学出版社的杜小陆和张建秀编辑为本书的出版作出的努力，在此一并致谢。

王　海

2011 年 5 月于广州荷塘月色寓所